52주간의 마음산책

공대 원로교수들의 논어 이야기

남을 인정하는 일은 단순히 그들을 높이는 것이 아니라, 세상을 새롭게 바라보는 법을 배우는 일이기도 하다. 다양한 생각과 경험을 가진 사람들의 이야기가 내 안에서 더 큰 의미로 자리 잡게 되면, 나의 시야가 넓어지고 내면이 성숙해질 수 있다.

52주간의 마음산책

공대 원로교수들의 논어 이야기

강철구 김윤영 김진오 심중식 지음

열린서원

비록 현 상황에서 힘들고 불이익이 있더라도 정직하고 진실하게 사는 것이 길게 보면 나를 위한 지혜로운 삶이다.

백조의 노래(swan song)

2021년 9월 어느 날, 대학 동기생 몇 사람이 관악캠퍼스에 모여 점심을 했다. 20대 청년으로 만났던 친구들이 어느덧 이순을 넘어 이제는 지난 인생을 돌이켜보며 삶의 의미를 통합하는 나이가 되었다. 그때 의미 있는 노후 활동으로 함께 고전을 읽자고 제안하여 우선 논어를 읽기 시작하였다. 당시 코로나19 팬데믹 여파로 다수는 모이지 못하고 대면 모임의 경우 5인 이하만 허용되던 상황이었다. 이때 모인 이들이 서울대 김윤영 교수를 비롯하여 건국대 강철구 교수, 숭실대 김진오 교수 그리고 귀일연구소 심중식 소장이었다. 우리 모임의 이름은 논의 끝에 여붕與朋이라 하였다. 벗들과 함께 즐기는 학습공동체라는 뜻이다. 매달 한 차례씩 대면 모임 또는 온라인 미팅으로 진행한 결과 2년여 만에 논어 읽기를 마치게 되었다.

매달 논어 한 편씩을 번갈아 가면서 발표하고 나누었는데 서로의 다양한 견해와 생각을 나누는 과정은 무척 즐겁고 유익했다. 그래서 이런 기쁨과 즐거움을 조금이라도 후학들에게 남겨주자는 뜻을 모아 책을 쓰기로 하였다. 교수로서, 학자로서, 또 연구자로서 일생을 살아오면서 경험한 지혜와 아울러 그간 터득한 학습과 연구의 노하우를 조금이나마 전해보자는 것이다. 특히 인생은 죽기까지 공부하고 배워야 함을 강조한 공자의 논어를 읽으면서 공감되는 부분들을 만날 때면 학습과 인생에 관한 지혜를 현대적으로 재해석하여 전하는 의의가 무척 소중하다는 데 의견을 모았다.

논어에 관한 전문가들의 수많은 저서가 있는데 우리가 굳이 또 책을 낼 필요가 있을까 하는 질문도 던져보았다. 그렇지만 우리는 논어 자체를 전하자는 것이 아니고 논어를 수단과 매개체로 하여 그동안 경험했던 공학분야의 학문과 연구 그리고 교육과 관련된 삶의 지혜를 나눠보자는 취지에 공감하고 동의했다. 독자들에게 매주 한 마디씩이라도 읽게 하여 한 해 52주간 논어와 함께 지내는 시간이 되도록 하자는 취지로 4명의 필자가 각자 13개의 문장을 택하여 남기고 싶은 이야기를 적어보았다.

공자의 가르침이 지금도 쓸모가 있을까? 2500년 전 고대 가부

장적인 왕권 시대에 살았던 공자의 말씀이 오늘날에도 유효할까? 비판적으로 보면 현대 민주주의 시대에는 부적절한 부분도 있고, 조선시대처럼 그 본질을 오해하거나 왜곡하면 여러 문제를 초래할 위험도 있다.

하지만 개인의 인격을 완성하고 리더로서의 덕목을 함양하며, 공동체 안에서 타인을 배려하도록 이끄는 공자의 정신은 여전히 혼돈의 시대에 우리를 밝혀주는 등불과 같다. 이 등불이 젊은이들에게 나아갈 방향을 비추어 주어, 스스로 성장하며 더 나은 나라와 세상을 만들어가는 데 밑거름이 되길 바랄 뿐이다.

따라서 이 글을 읽는 독자들은 학자로서 연구와 교수활동에 일생을 바친 사람들이 인생의 선배로서 전하는 진솔한 소회와 더불어 학습과 연구 관련 노하우 및 체험적 지혜를 엿볼 수 있을 것이다. 아울러 백조의 노래(swan song) 같은 원로교수들의 순수와 진정을 느끼고 공감하는 시간이 된다면 독자와 저자 구별 없이 얼마나 기쁘고 행복할까!

■ 차례

1
의미 있는 삶을 위해 배우고 또 익히자

김윤영

　사람마다 각자 살아가는 목적과 지향점은 다르겠지만, 의미 있는 삶을 살기 위해서는 배우고 그 배운 것을 익혀 나를 발전시키고 변화시켜야 한다고 생각한다. 살아가면서 배움을 멈춘다면, 그것은 단지 숨만 쉬는 삶에 불과하지 않을까?

　논어의 첫 문장이 "배우고 늘 익히면 기쁘지 아니한가"로 시작하는 이유는, 2500년 전에도 배움이 매우 중요한 가치로 여겨졌기 때문이라고 생각한다. 물론, 논어에서 말하는 배움은 참된 인간이 되기를 배우는 것을 의미하겠지만, 나를 변화시키고 성장시키는 어떤 배움도 충분히 가치 있다고 본다.

　제대로 배운다는 것은 그냥 머리로 이해하고 기억하는 것이 아니다. 필요할 때 즉시 행할 수 있어야 제대로 배웠다고 할 수 있다. 즉 배우고 느낀 것이 체화되어 언제 어디서나 어떤 상황에서도 저절로 실천될 수 있어야 한다. 이를 위해서는 꾸준히 의도적으로 반복적으로 익혀야 한다. 익히고자 하는 노력이 반드시 필요하다. 익힘 없는 배움은 제대로 된 배움이 될 수 없다.

필자는 33년간 몸담았던 직장에서 은퇴를 했다. 은퇴 후의 삶을 어떻게 살아갈지 고민하며, 구체적으로 하고자 하는 일도 몇 가지 생각해두었지만, 가장 중요한 결심은 은퇴 전처럼 "배우고 익힘"을 계속 이어가겠다는 것이다. 목숨이 붙어 있는 한, 능동적으로 배우고 익히며 끊임없이 나를 발전시켜나가고자 한다. 그래야만 나의 삶이 단순히 숨만 쉬는 삶으로 전락하지 않을 것이기 때문이다.

[학이편 1-1]

子曰(자왈) 學而時習之(학이시습지) 不亦說乎(불역열호)

배우고 주기적으로 익히면 또한 기쁘지 아니한가.

(배우고 때를 따라 적절히 익혀 실천할 수 있다면, 그것 역시 기쁘지 아니한가.)

2
날마다 자신을 성찰하며 살아가자

심중식

2천 5백여 년 전에 살았던 공자의 제자인 증자는 날마다 세 가지 질문으로 자기 삶을 성찰하고 반성하며 살았다.

- 내가 맡은 본분에 오늘 충심을 다했는가?
- 친구들과 교류하는데 신의를 다했는가?
- 스승이 전해주신 것을 다 배워 익혀서 체득하고 있는가?

봉건시대에 충(忠), 신(信), 습(習), 이 세 가지로 자기 자신을 되돌아보며 살았던 증자가 지금 우리의 시대에 나타난다면 어떤 모습으로 살아갈까?

충(忠)은 자기 자신에게 충실하게 사는 진정성, 신(信)은 인간 관계의 신의와 정직으로 사는 진실성, 습(習)은 앎과 삶의 일치를 위해 노력하는 수행의 습관이라 볼 수 있을 것이다. 오늘 하루를 살면서 나는 얼마나 나 자신으로 살기 위한 진정성과 성실성의 태도로 살았을까? 나의 정체성은 무엇이며 그 정체성에 따라 일관

된 삶을 살기 위해 늘 깨어서 자신을 성찰하며 진실하게 살고 있는가? 또 다른 사람들과의 관계 속에서 약속과 믿음은 잘 지켰는가? 예상하지 못한 상황으로 약속을 지키지 못하게 되었다고 판단하는 순간 그 사실을 알리고 양해를 구했는가? 또는 뜻하지 않게 약속을 지키지 못했으면 지키지 못한 사연과 사실을 정직하게 털어놓고 용서를 구했는가? 살아오는 동안 스승들의 가르침을 듣고 배운 바를 실천하려고 얼마나 노력했는가? 옳다고 생각하는 바에 따라서 행동하는 언행일치가 얼마나 되었을까? 말과 생각과 행동이 서로 다른 경우 그 이유를 따져보고 개선하는 일을 게을리하지는 않았는가?

옛사람이 이렇듯 진정한 마음과 진실하고 성실한 태도로 살기 위해 날마다 성찰했다는 글을 볼 때 많은 부끄러움을 느낀다. 허물을 보고도 고치지 않는 것이 진짜로 잘못이라 했으니 오늘부터 이제부터 작은 일부터 진정으로 진실한 삶을 위해 실천해 보자.

[학이편 1-4]
曾子曰(증자왈) 吾日三省吾身(오일삼성오신) 爲人謀而不忠乎(위인모이불충호) 與朋友交而不信乎(여붕우교이불신호) 傳不習乎(전불습호)
증자가 말하기를, 나는 매일 세 가지로 나 자신을 반성한다. 남을 위해 도모하는 일에 충심을 다했는가? 벗들과 사귐에 신의를 다하였는가? 전수한 가르침을 익혀서 실천하고 있는가?

3

잘못을 했더라도 뒤처리를 잘하는 것이 훌륭함이다

김진오

훌륭한 사람은 잘못을 하지 않는 사람이 아니라 잘못을 했더라도 그 후에 처리를 잘 하는 사람이다. 위인전에 등장하는 인물들의 이야기에는 위대한 업적 이전에 거쳤던 시행착오들이 소개되는 경우가 많다. 공자께서는 "잘못을 저지르고도 고치지 않는다면 그것이 바로 완전한 잘못이다"라고 하였다.

사람은 완벽한 존재가 아니므로 실수나 잘못을 종종 한다. 어렸을 때 실수를 감추려고 거짓말을 한 적이 있는데, 되돌아보면 후회스럽다. "잘못이 있으면 곧 고치기를 꺼리지 말라"는 말을 좀 더 일찍 들었더라면 좋았겠다는 아쉬움이 있지만, 나중에라도 깨달았으니 다행이다.

제조업 생산라인에서 불량이 발견되면 바로 공정진행을 멈추고 시정해야 한다. 만일 불량이나 오류를 감추고 고치지 않는다면 더 큰 문제를 야기하게 된다. 고치기를 꺼리지 않는 생산 시스

템이 도요타자동차회사가 우수한 품질의 제품을 생산하는 비결이다.

교수신문이 2022년 말에 올해의 사자성어로 과이불개(過而不改)를 선정하였다. '잘못을 저지르고도 고치지 않았음'을 지적한 것이다. 그해 10월 말에 이태원에서 큰 사고가 발생하였는데, 서로 남 탓을 일삼기만 하고 안전불감증을 고치지 않는 사람들을 향한 표현이었다.

직장이나 사회생활에서 실수를 하거나 본의 아니게 잘못하는 경우가 있는데, 이를 고치지 않고 덮으려다 보면 더 큰 잘못을 저지르게 되는 반면에, 잘못을 인정하고 즉시 개선하면 발전의 계기가 될 수도 있다. 특히 학생 시절에는 미숙한 시기이므로 완벽하지 못한 부분이 많을 수밖에 없다. 그럴 때에 과즉물탄개(過則勿憚改)를 되새기면 좀 더 빠르게 성숙해 갈 것이다.

[학이편 1-8]
子曰(자왈) 君子不重則不威(군자부중즉불위) 學則不固(학즉불고) 主忠信(주충신) 無友不如己者(무우불여기자) 過則勿憚改(과즉물탄개)
군자는 진중하지 않으면 곧 위엄을 가질 수 없다. 배우면 곧 완고함을 벗어날 수 있으니, 진실과 믿음을 위주로 힘써야 한다. 자기 같지 않은 벗이 없으니, 잘못이 있으면 곧 고치기를 꺼리지 말라.

[위령공편 15-29]
子曰(자왈) 過而不改(과이불개) 是謂過矣(시위과의)
잘못을 저지르고도 고치지 않는다면, 그것이 바로 완전한 잘못이다.

4

행복한 삶을 원한다면 정신적 가치를 추구하라

강철구

자공은 공자의 제자로, 장사에 능해 큰 부를 이루었고, 공자 학당에 재정적으로 큰 도움을 준 인물이다. 이런 자공이 자신이 가난할 때 물질적인 것을 얻기 위해 부자들에게 아첨하지 않았고, 부자가 되어서도 남을 업신여기거나 교만하지 않았으니, 이 정도면 제가 괜찮은 사람 아니냐고 공자에게 물었다. 공자가 답하기를, 괜찮기는 하나, 가난하지만 도를 즐기고, 부유하지만 예를 좋아하는 것만은 못하다고 하였다.

공자는 우리 삶에서 진정한 행복은 물질적인 것에 있지 않고 정신적인 것에 있음을 말하고 있다. 물질적으로 가난한 이가 부자에게 아첨하여 물질적인 풍요를 얻거나, 부유한 이가 물질적인 부를 뽐내며 으스대봐야 삶의 진정한 행복을 얻을 수 없다는 것이다. 물질적인 가난이나 부가 중요한 것이 아니라, 정신적으로 나를 수양하여 가난할지라도 정신적인 풍요를 즐기고 부유하더라도 정신적인 삶에 가치를 둔다면 진정한 삶의 행복을 얻을 수 있다는 것이다.

우리는 현대 물질문명에서 살고 있지만, 물질에 큰 가치를 두게 되면 채워도 채워도 채워지지 않는 삶이 될 것이다. 10억원 재산을 가진 사람은 100억원 가진 사람이 부럽고, 100억원 가진 사람은 1000억원 가진 사람이 부럽고, 1000억원 가진 사람은 10조원 가진 사람이 부러울 것이기 때문에, 물질적 욕망은 끝이 없다. 반면에 정신적인 가치를 추구하게 되면 가난하든 부유하든 행복한 삶을 살아갈 수 있을 것이다.

진정으로 행복한 삶을 살고자 한다면, 물질적인 삶에 가치를 둘 것이 아니라, 정신적인 삶에 가치를 두어야 한다.

[학이편 1-15]

子貢曰(자공왈) 貧而無諂(빈이무첨) 富而無驕(부이무교) 何如(하여) 子曰(자왈) 可也(가야) 未若貧而樂(미약빈이락) 富而好禮者也(부이호례자야)

자공이 말하기를, 가난하되 아첨하지 않고 부유하되 교만하지 않으면 어떻습니까? 공자께서 대답하기를, 괜찮다고 할 수 있으나, 가난하지만 도를 즐기고 부유하지만 예를 좋아하는 것만 못하다.

5

남을 인정하는 만큼 나도 성장한다

김윤영

우리 주변에는 자신의 이야기에만 몰두하며 남의 말에는 별로 귀 기울이지 않는 사람들이 있다. 이런 행동은 인정받고자 하는 욕구에서 비롯된 경우가 많다. 매슬로(A. H. Maslow)의 욕구 단계 이론에서도 인간은 타인으로부터 인정과 존중받고자 하는 욕구를 기본적이고 자연스러운 욕구로 설명한다. 하지만 남을 인정하지 않으면 나 자신을 성장시키기는 어렵다.

돌아보면, 나 또한 어린 시절 남들 앞에서 잘난 척을 하던 순간들이 있었다. 어릴 때부터 "공부를 잘한다"는 칭찬을 들으며 자랐던 나는, 늘 그 기대에 부응해야 한다는 압박감을 느끼면서도, 한편으로는 인정받고 싶은 마음이 컸다. 그러나 철이 들고 나니, 과거의 그런 행동들이 다른 사람들을 불편하게 만들었을 뿐 아니라, 그들로부터 배울 기회와 나 자신을 성장시킬 기회도 놓치게 했음을 깨달았다. 그래서 어른이 되어서는 나를 드러내기보다 남을 인정하려는 태도를 갖추려고 노력한다.

남을 인정한다는 것은 단순히 몇 마디 칭찬으로 끝나는 일이 아니다. 진심으로 그 사람의 이야기에 귀를 기울이고, 그들의 장점과 노력을 이해하며, 나 또한 그들에게서 배우려는 자세를 가지는 것이다. 이러한 과정 속에서 나 자신의 부족함을 깨닫고, 이를 개선할 수 있는 기회를 얻게 된다.

남을 인정하는 일은 단순히 그들을 높이는 것이 아니라, 세상을 새롭게 바라보는 법을 배우는 일이기도 하다. 다양한 생각과 경험을 가진 사람들의 이야기가 내 안에서 더 큰 의미로 자리 잡게 되면, 나의 시야가 넓어지고 내면이 성숙해질 수 있다.

남이 나를 알아주지 않는 것에 연연하지 말고 내가 남을 알아가는 데 집중해 보자. 진심으로 남을 인정하고 이해하는 태도는 나의 성장을 이끄는 가장 좋은 밑거름이 될 것이다.

[학이편 1-16]
子曰(자왈) 不患人之不己知(불환인지불기지) 患不知人也(환부지인야)
남이 나를 알아주지 않음을 걱정하지 말고, 내가 남을 알지 못함을 걱정하라.

[학이편 1-1]
人不知而不慍(인부지이불온) 不亦君子乎(불역군자호)
남이 알아주지 않아도 분함이 없으니 또한 군자 아닌가?

6

계속 발전하는 삶이라야 행복하다

심중식

학문에 뜻을 두고 살아갈 때 인생은 계속 발전하는 삶이 된다. 학문에 뜻을 둔다는 말은 진리를 사랑하는 삶이요 진리와 함께 기뻐하고 즐거워하는 인생이다. 진리를 추구하며 사는 인생은 나무가 자라듯 계속 자라고 발전한다는 것이다.

그래서 마지막 단계를 공자는 종심소욕불유구(從心所欲不踰矩)라고 한다. 마음이 하고자 하는 대로 따라가도 법도에 어긋나지 않게 되었다는 뜻인데 쉽게 풀어 말하면 자기 전공 분야에서 도가 터서 어떻게 하든지 모두 법도에 맞는다는 것이다. 즉 자유를 누리게 된다는 말이다. 학자라면 쓰는 논문마다 최고 학술지의 논문이 되고, 화가라면 어떻게 그려도 다 명작이 되고, 작곡가라면 만드는 곡마다 명곡이 되고, 시인이라면 명시가 쏟아져 나오고, 요리사라면 만드는 모든 요리마다 일품이 된다는 뜻이다.

무엇이 되었건 이처럼 자기가 전공하는 분야에서 최고의 경지에 올라 그가 하는 모든 것이 법이 될 만큼 대가가 되는 것이다. 이런 자유의 기쁨을 얻기까지 계속 발전하는 그 길을 공자는 학문의 길, 배움의 길이라 했다. 즉 학력을 높이는 일이나 지식을 축적하는 협소한 의미가 아니라 어느 분야건 자기가 종사하는 일에서 달통한 전문가 또는 대가가 되고 또 남을 지도할 수 있는 인격을 지닌 리더나 스승이 되자는 것이다. 그것이 행복한 인생의 길이라고, 즉 계속 발전하는 삶이 행복이라고 알려주었던 분이 공자다.

　공자는 인생의 발전 단계로 6단계를 말한 것인데 간단히 말하면 진리를 깨닫고 인간됨을 실천하여 자유인이 되자는 것이다. 자유인이 되는 첫걸음이 진리를 찾는 학문에 입문하는 것이다. 학문이 자유에 이르는 행복의 문이라는 것을 믿고 계속 정진하며 올라가자는 말이다. 올라가는 기쁨이 또한 행복이 아니겠는가.

[위정편 2-4]

子曰(자왈) 吾(오) 十有五而志于學(십유오이지우학) 三十而立(삼십이립) 四十而不惑(사십이불혹) 五十而知天命(오십이지천명) 六十而耳順(육십이이순) 七十而從心所欲不踰矩(칠십이종심소욕불유구)

내가 열다섯에 학문에 뜻을 두었고, 서른 살에 뜻을 세웠고, 마흔 살에 미혹되지 않았고, 쉰 살에 천명을 알았고, 예순 살에는 귀가 순하게 되고, 일흔 살이 되어서는 마음이 하고자 하는 대로 해도 법도에 어긋나지 않게 되었다.

7
건물처럼 학문도 기초가 튼튼해야 한다

김진오

만유인력의 법칙 등을 발견한 물리학의 거장 아이작 뉴턴 (Isaac Newton)은 위대한 업적의 비결이 거인들의 어깨에 올라선 덕분이라고 겸손하게 표현하였다. 앞서 지나간 학자들이 남겨놓은 학문 토대가 있었기에 자신의 성취가 가능했다는 이야기다. 이보다 2천여 년 전에 공자께서 이미 하신 말씀 "옛것을 연구하여 거기서 새로운 지식을 끌어냄"과 비슷하다.

학교에서는 예전에 확립된 지식이 담겨있는 교과서로 공부하여 새로운 지식을 탐구한다. 연구자들은 앞서 발표된 논문들을 참고하며 연구하여 새로운 지식을 끌어낸다. '온고이지신(溫故而知新)'은 동서고금을 망라해서 적용되는 학문 기법이라 할 수 있다.

기계공학을 전공한 필자들은 대학생 때 역학 과목들을 여러 개 수강하였다. 3백여 년 전에 뉴턴이 확립한 역학 법칙들을 공부하여 기본 지식을 갖춘 것이다. 역학과 에너지를 공학적으로 응용

하는 기계공학자들은 옛것을 기반으로 하면서 이를 설계와 생산에 활용하고, 최근에는 정보화와 지능화를 접목하여 새로운 분야로 확장해 나간다.

집을 지을 때 기초가 중요하듯이 학문의 세계에서도 기초 지식이 필요하다. 급할수록 돌아가라는 말처럼, 빨리 빨리 학문을 성취하고자 할 때에도 기초를 소홀히 하면 안 된다. 기초가 되는 옛것을 토대로 연구함으로써 새로운 지식을 쌓아나가야 한다.

인공지능 시대에 필요한 지혜를 논어에서 얻을 수 있다. 가령 챗지피티를 사용할 때 질문 잘하는 능력이 실력이 되는데, 공자께서 이미 "묻기를 부끄러워하지 말라"고 하여 질문을 강조하였다.

[위정편 2-11]

子曰(자왈) 溫故而知新(온고이지신) 可以爲師矣(가이위사의)

지난 것을 연구하여 거기서 새로운 지식을 끌어낼 수 있다면 스승이 될 수 있다.

[공야장편 5-14]

子曰(자왈) 敏而好學(민이호학) 不恥下問(불치하문)

부지런히 배우기를 좋아하고, 아랫사람에게 묻는 것을 부끄러워하지 말라.

실행을 우선하고 말을 앞세우지 않아야 성공한다

강철구

　성공적인 삶을 위해서는 실행을 우선하고 말을 앞세우지 않아야 한다.

　학교를 졸업하고 사회로 나가게 되면 대부분 더 이상 시험을 치르지 않는다. 학교에서는 시험 점수로 그 사람을 평가하게 되지만, 사회에서는 그 사람의 신뢰가 가장 중요하게 여겨진다. 일단 신뢰를 받게 되면 그 사람은 사회에서 승승장구할 수 있지만, 신뢰를 잃게 되면 그 자리에서 버티기가 어려워진다.

　이러한 신뢰는 그 사람의 언행으로부터 온다. 어떤 사람은 행동보다 말이 앞서는 경우가 있는데 그러면 신뢰를 얻기 어렵다. 행동이 앞서고 말이 뒤따라야 한다는 것이 공자의 가르침이다.

　한번 잃은 신뢰는 회복하기 어렵다. 회사에서 기획된 업무를 수행할 때, 말이 앞서고 뒤에 실행된 결과가 없으면 그 사람은 신뢰를 잃게 된다. 하지만 실행된 결과를 가지고 이렇게 하여 문제를 해결했노라고 보고하면 회사에서 신뢰를 얻을 수 있고 사회적으로 성공할 수 있을 것이다.

회사생활과 같은 개인의 삶뿐만 아니라 사회적으로 영향력이 있는 정치인이나 연예인의 경우도 마찬가지이다. 독립운동가이자 정치인이었던 간디가 영국으로부터 인도를 경제적으로 독립시키고자 영국상품 불매운동을 시작할 때, 본인이 먼저 베옷을 입고 물레를 돌리면서 인도 국민들에게 호소했기 때문에, 인도 국민들로부터 신뢰와 추앙을 받고 불매운동이 성공할 수 있었다.

성공하기 위해서는 말보다 행동이 앞서야 한다.

[위정편 2-13]
子貢(자공) **問君子**(문군자) **子曰**(자왈) **先行其言**(선행기언) **而後從之** (이후종지)
자공이 군자에 대해 묻자 공자께서 말씀하기를, 말하고자 하는 바를 먼저 행하고, 이후 말이 그 행동을 따라야 한다.

9

배운 것을 넘어 생각해보자

김윤영

"수업시간에 교수님 말씀을 모두 받아 적고 다 외우면 됩니다. 이해가 안 되는 건요? 일단 무조건 외워요."

우리나라 최고의 명문대에서 높은 학점을 유지하는 한 학생이 TV 프로그램에서 밝힌 '좋은 학점을 받는 비결'이다. 다른 학생도 거의 비슷한 이야기를 했다. 대학교수인 나에게는 엄청난 충격을 준 인터뷰였다.

이 학생의 말은 무엇을 의미할까? '배운 대로만 생각하고 스스로 자기의 생각을 하지 않아야만 좋은 학점을 받을 수 있다'는 것을 의미한다. 창의적인 생각은 하지 말아야 한다는 뜻과 다르지 않다. 모든 학점 우수 학생이 이런 식은 아닐 테지만, 매우 안타까운 현실이다. 이런 식으로 좋은 성적을 받은 사람들이 사회에 나가 나라를 다스리는 고위직으로 올라갈까 두렵다.

어쩌다 누군가로부터 몰랐던 그럴듯한 새로운 이야기를 듣거나 우리보다 선진국에서 하는 방식을 알게 되었다고 해서 그 이야기의 함의도 제대로 모른 채 그저 좋아 보인다고 해서 그냥 따라 하면, 우리 사회에 엄청난 폐해를 불러올 수 있다. 알게 된 것을, 배운 것을 스스로 깊게 생각하지 않고는, 나의 상황에, 우리나라의 현실에 꼭 맞는 좋은 해결책을 찾기 어려울 것이다.

이제는 세상의 많은 지식은 AI를 이용해서 빠르고 쉽게 알고 배울 수 있는 시대다. 내 지식을 넓혀가고 새로운 지식을 쌓는 것만이 아니라, 그 지식이 축적된 배경과 그것의 함의까지를 생각할 줄 알아야 한다. 그래야 기존 지식의 한계를 넘을 수 있고, 앞으로 만나게 될 새로운 문제를 해결할 수 있는 창의적 능력을 키울 수 있다.

[위정편 2-15]

子曰(자왈) 學而不思則罔(학이불사즉망) 思而不學則殆(사이불학즉태)

배우고 스스로 생각함이 없으면 배움에 갇히게 되고, 생각만 하고 배우지 않으면 위태롭다.

10
내가 무엇을 모르는지 알려면 기본부터 충실하게

김윤영

나는 공과대학에서 연구를 하며 대학원생들에게 연구의 방향을 제시하거나, 때로는 구체적인 연구 내용도 설명해 준다. 가끔 가르쳐준 내용을 제대로 시도해 보지도 않고 안 될 것이라 미리 단정하여 엉뚱한 결과를 가져오는 학생들도 만난다. 이런 학생들에게는 공통된 특징이 있었는데, 바로 "어디에서, 왜, 어떻게 안되는지"를 제대로 설명하지 못한다는 점이다. 이들은 자신이 무엇을 모르는지도 모르는 상태에서 연구를 하고 있는 셈이다. 그러니 의미 있는 연구 결과를 얻기 어려울 뿐만 아니라, 설령 어떤 결과를 얻었다 해도 그 의미를 제대로 설명하지 못하는 경우가 많다. 무슨 일을 하든, 그 일과 관련하여 내가 무엇을 알고 무엇을 모르는지를 명확히 파악해야 최소한 그 일을 수행할 자격이 생기는 것이다.

그렇다면 왜 자신이 무엇을 모르는지를 모를까? 대학에서 30여

년간 수많은 학생을 지도하면서 느낀 바로는, 이런 학생들은 연구 수행에 필요한 기초 지식이 부족한 경우가 많았다. 결국 내가 하는 일과 관련된 기초 내용을 제대로 이해하고 언제든 그 내용을 활용할 수 있는 수준에 이르러야, 현재 하고 있는 연구나 일과 관련해 내가 무엇을 모르는지 정확히 파악할 수 있다. 그런 후에는 부족한 부분을 공부하여 지식을 깊게 쌓아가며, 연구나 업무에 의미 있는 진전을 이룰 수 있게 된다.

　　때로는 어떤 일에서 내가 무엇을 모르는지를 알아내는 것이 쉽지 않을 때도 있다. 사실, 자신이 모르는 것이 무엇인지를 깨닫는 과정은 어렵고 많은 시간이 걸리기도 한다. 이럴 때는 기본을 충실히 다지는 것이 중요하다. 그러면 내가 무엇을 모르는지를 점차 알게 되고, 그 다음 단계로 도전할 수 있는 토대가 마련될 것이다.

[위정편 2-17]

子曰(자왈) 由(유) 誨女(汝)知之乎(회여지지호) 知之爲知之(지지위지지) 不知爲不知(부지위부지) 是知也(시지야)

자로야! 너에게 아는 것을 가르쳐 주겠다. 아는 것을 안다고 하고 모르는 것을 모른다고 하는 것, 이것이 아는 것이다.

제사는 미신이 아니고 우리의 문화다

강철구

　오늘날 우리의 전통문화인 제사가 사라질 위기에 처해 있다. 제사 문화는 그 나름의 순기능이 있으므로 제사를 없애기보다는 현대에 맞게 발전시킬 필요가 있다.

　과거 배고픈 시절에 푸짐한 제사상은 두루 나누고 베푸는 의미가 있었으나 현대에는 의미가 퇴색되고 갈등의 요인이 되어 없애지는 풍조마저 나타나고 있다.

　하지만 제사를 통해, 가족이 한자리에 모일 수 있고, 내가 어디에서 왔는지 한번 생각해 볼 기회를 가질 수 있다. 내 할머니 할아버지가 어떻게 살아왔는지, 우리는 어떻게 자라왔는지를 이야기할 기회가 될 것이다. 현대의 핵가족 사회에서 결혼 후에는 부모 · 자식간 또 형제간에 만날 일이 드물고, 세월이 지나면 남과 다를 바 없게 된다. 바쁘게 살다보니, 내가 어디에서 왔는지, 왜 사는지를 잊고 사는 사람이 많다. 이런 사람들은 갑작스레 아주

힘든 일을 맞닥뜨리게 되면 쓰러져 삶을 포기하기 쉽다. 하지만 제사를 통해 나라는 존재는 조상으로부터 쭉 이어져 오늘에 와 있고, 내가 다시 후손을 이을 존재라고 자각하게 되면, 어려운 일을 맞닥뜨려도 어떻게든 헤쳐나가려는 힘이 생길 수 있다.

제사문화를 이어가기 위해서는 힘든 제사상을 간소화해야 한다. 퇴계 이황 종가의 차례상에도 술과 떡국, 포와 전 한 접시, 과일 한 쟁반이 다라고 하지 않았던가? 제사상에 올릴 음식으로 뭐는 되고, 안 되고가 없다. 후손이 좋아하는 음식이면 조상님도 좋아하지 않겠는가?

제사상은 간단하게 준비하되, 제사 지낼 때는 마음을 경건하게 하고 조상을 한번 생각해보는 것이 좋다. 그러면 마음이 평온해지고 나의 존재에 감사함을 느낄 수 있을 것이다. 공자님도 제사는 형식이 아니고 마음가짐이 중요하다고 일러주고 있다.

[팔일편 3-12]

祭如在(제여재) 祭神如神在(제신여신재) 子曰(자왈) 吾不與祭(오불여제) 如不祭(여부제)

조상에게 제사할 때는 조상이 계신 것처럼 하고, 신에게 제사할 때는 신이 계신 것처럼 한다. 공자께서 말씀하기를, 내가 제사에 참여하지 못하면, 제사를 지내지 못한 것과 같다.

12

진정성과 신뢰가 있어야 한다

김진오

사람을 나타내는 단어 '인간'은 한자로 '人間'이다. 즉, 사람 사이이다. 사람과 사람 사이에서 서로 간에 '예(禮, 예절)'와 '충(忠, 정성)'을 공자께서 강조하셨다. 국가 권력자들은 충(忠, 충성)을 정치적 목적으로 이용하지만, 공자께서는 사람 사이의 진정성을 의도한 것으로 이해한다. 누가복음 16장 10절에 있는 예수님 말씀 "지극히 작은 것에 충성된 자는 큰 것에도 충성되고 …"와 통한다.

윗사람과 아랫사람의 관계가 왕권시대에는 군주와 신하 사이였지만, 현대에는 여러 형태로 존재한다. 학교에서 선생과 학생, 직장에서 사장 또는 상관과 직원, 군대에서 장교와 사병, 가정에서 부모와 자녀 등. 그러한 관계가 원만하고 공동의 목표를 향해 협력하려면 서로 신뢰해야 한다. 그러기 위해서는 위압과 강요가 아니라 정중과 성심이 필요하다.

교수로 재직하던 시절에, 수강하는 학생들과 면담을 매 학기

시행하였다. 20여 년 전에 교수와 면담이 흔하지 않던 시절에 학생들은 대개 교수실 방문하기를 꺼려했다. 중고등학생 때 교무실에 불려가는 것처럼 조심스러웠던 듯하다. 막상 방문하여 면담하면서 존중 받는 것을 느끼고 나면, 그 후에는 과목 관련 질문이나 인생 상담 등 필요한 일이 있을 때 주저하지 않고 방문하게 되었다.

학생 시절에는 장차 사회에 나갈 때를 대비하여 좋은 인간관계를 형성하는 훈련을 할 수 있다. 진정성(忠)과 신뢰(禮)를 기억하며 몸에 익히면, 훌륭한 사회인이 되는 인성을 갖추게 될 것이다.

[팔일편 3-19]

孔子對曰(공자대왈) 君使臣以禮(군사신이례) 臣事君以忠(신사군이충)

공자께서 대답하기를, 윗사람인 군주가 신하인 아랫사람을 부릴 때에는 예로써 정중하게 올바로 해야 하고, 아랫사람이 윗사람을 섬길 때는 성심을 다해야 한다.

13
지혜를 찾기 전에 먼저 스승을 찾자

심중식

말이 태어나면 제주도로 보내고 사람은 서울로 보내라는 말이 있다. 사람이 크게 되려면 서울로 가서 살아야 한다는 뜻인데 그런 말 때문일까? 모두가 서울로 몰려드는 바람에 서울은 초만원이 되어 여러 문제가 나타나고 있다.

이에 대한 책임은 물론 정부의 관료와 정치 지도자들에게 있을 것이다. 혹 좋은 마을을 찾아가서 살아야 지혜롭다는 공맹의 말이 영향을 주었을까? 아마 그런 사람은 거의 없었을 테고 시류를 따라 너도나도 강남으로 몰려들었을 거다. 게다가 좋은 학원들이 모두 강남에 있다니 누가 부러워하지 않겠는가.

인간의 세속적 욕망에서 비롯된 이런 현실을 공자께서 긍정할 수 있을까? 공자가 가르치는 목적은 사람다운 사람, 그래서 만인을 평안하게 다스릴 수 있는 지혜를 가진 사람, 즉 성인같은 지도자를 기르자는 것이다. 그러면 어떻게 해야 그런 지혜롭고 어진 사람이 되는가? 그에 대해 공자는 성현을 배우라고 한다. 누구나 성인의 도를 배우고 익히면 성인이 될 수 있다는 이것이 공자의 근본 믿음이요 주장이다.

　이런 입장에서 풀어보면 어진 곳을 택하여 살아가라는 말도 다른 뜻이 아니다. 즉 어진 스승이 있는 곳을 택하여 살지 않는다면 어떻게 성인의 길, 성인의 지혜를 얻을 수 있겠느냐는 말이다. 그러니까 좋은 마을은 어떤 특수지역, 특혜를 누릴 수 있는 장소가 아니라, 스승이 있는 곳을 찾으라는 뜻이다. 권력자나 부자가 있는 곳이 아니라 성인의 가르침을 배울 수 있는 스승이 계신 곳이 바로 어진 마을이다. 공자의 뜻을 한마디로 줄이면 택인득지(擇仁得知)라 하겠다. 어진 스승을 택해야 올바른 삶의 지혜를 얻게 될 것이다.

[이인편 4-1]
子曰(자왈) 里仁爲美(이인위미) 擇不處仁(택불처인) 焉得知(언득지)
어진 곳에 사는 것이 아름답다는 말이 있다. 어진이를 택하지 않고 어떻게 지혜를 얻겠는가?

[이인편 4-8]
子曰(자왈) 朝聞道(조문도) 夕死可矣(석사가의)
아침에 도를 들으면 저녁에 죽어도 좋다.

14
싫은 소리는 한 귀로 듣고 한 귀로 흘려라

강철구

백이(伯夷)와 숙제(叔齊)는 고대 중국 은나라 말기에 고죽국 군주의 아들로 파란만장한 삶을 살았던 형제이다. 서로 고죽국 군주를 양보하려고 주나라로 피신하였는데, 신하국인 주나라 무왕이 은나라를 치려고 하자, 백이와 숙제는 이를 반대하며 주나라 백성이 되지 않겠다고 수양산으로 들어가 굶어 죽었다. 이러한 파란만장한 삶을 살면서도 백이와 숙제는 남을 원망하지 않고 인(仁)을 중시하는 삶을 살았다고 전해진다.

나는 어릴 적부터 청년기까지 할머니로부터 '싫은 소리는 한 귀로 듣고 한 귀로 흘려라'는 말을 들으며 자랐다. 그동안 살아오면서 가정 및 사회로부터 나에게 상처주는 말, 거슬리는 말, 힘들게 하는 말을 들을 때마다, 귀책사유는 대부분 그런 말을 하는 상대방에게 있을 수 있으므로, 그 말을 가슴에 담아두지 않고 흘려버리려고 노력하였다. 그러한 말들을 가슴에 쌓아두면 그것이 씨앗

이 되어 언젠가 큰 문제를 일으킬 수 있다.

다양한 사람들이 어울려 사는 것이 우리 삶이므로 나에게 상처 주는 인연이 없을 수 없다. 그 상처 준 것들을 모두 가슴에 담아두면 내 건강을 해칠 뿐이니, 모두 쏟아버리고 잊어버리는 것이 나를 위한 현명한 선택이 되지 않겠는가! 옛날 옛적 백이 숙제도 그렇게 했다고 하지 않았던가!

[공야편 5-22]
子曰(자왈) 伯夷叔霽(백이숙제) 不念舊惡(불념구악) 怨是用希(원시용희)
백이와 숙제는 옛 악연을 마음에 담지 않았기 때문에 남을 원망하지 않을 수 있었다.

15
사람됨이 공부의 목적이다

심중식

공자는 호학을 강조했다. 배우기를 좋아한다는 말이 호학이다. 공자가 말하는 배움이란 단순히 학문적인 지식을 습득하는 것을 의미하지 않는다. 공자가 안회를 두고 하는 말을 통해 배움이 무엇인지 짐작할 수 있다. 배우기를 좋아했던 안회는 노함이 없었고 같은 잘못을 되풀이하지 않았다고 한다. 그만큼 사람됨이 훌륭했다는 말이다.

성인의 말씀을 통하여 성인처럼 되는 것이 공부의 목적이다. 성인의 말씀을 배워서 자꾸 성인처럼 되려고 노력하고 애쓰는 안회를 호학하는 사람이었다고 한다. 그런데 안회는 불행히도 일찍 죽고 말았다. 다른 많은 제자가 있지만 그만큼 호학하는 자가 없다고 한다. 공자 자신도 스스로를 호학하는 사람이라고 한다. 세상에서 자기만큼 호학하는 자가 없을 것이라는 말까지 했다. 그만큼 공자는 호학을 미덕으로 생각한 것이다.

사람은 누구나 호학, 배우기를 좋아해야 하는데 그런 사람을 보기 힘들다고 공자는 한탄한다. 즉 성인이 되기 위해서 날마다 힘쓰는 그런 배움을 좋아해야 하는데 대부분은 세상의 부귀나 권세를 얻기 위한 노력에 힘쓰고 있다는 것이다. 그런데 안회는 공자의 뜻에 충실히 따르고 공자의 학문을 힘써 배웠다는 말이다. 그래서 그를 공자 다음가는 성인이라 하여 아성이라 한다.

　이런 공자가 오늘날 학교 현장을 보면 무슨 말을 할까? 공자 당시에도 배움을 좋아하는 제자가 하나도 없다고 할 만큼 사람들의 관심은 출세와 부귀공명에 있었는데 오늘의 현실은 더 말할 필요가 있을까? 유교의 전통은 성인이 되는 학문, 쉽게 말하면 사람이 사람답게 되는 공부에 있었다. 퇴계나 율곡 같은 분들이 생각한 학문의 목적도 성인이 되는 것이었다. 그런 사람됨의 길을 찾는 공부는 지금 어디서 찾을 수 있을까? 나는 지금 그런 공부를 좋아하고 있는가?

[옹야편 6-2]
哀公問弟子孰爲好學(애공문제자숙위호학) 孔子對曰(공자대왈) 有顔回者好學(유안회자호학) 不遷怒不貳過(불천노불이과) 不幸短命死矣(불행단명사의) 今也則亡(금야즉무) 未聞好學者也(미문호학자야)
애공이 묻기를, 제자들 가운데 누가 배우기를 좋아합니까? 공자께서 대답하셨다. 안회가 배우기를 좋아했는데, 노하는 법이 없었고 같은 잘못을 반복하지 않았습니다. 불행히 일찍 죽어 지금은 없는데, 그만큼 배움을 좋아하는 사람을 이제껏 보지 못했습니다.

16
본래의 순수한 마음을 회복해야

심중식

사람답게 사는 길을 묻는 제자들에게 공자는 각기 다르게 대답한다. 어떤 제자에게는 부모에게 효도하라고 하고, 어떤 제자에게는 왕을 잘 보필하여 백성을 편안하게 하라고 하고, 어떤 제자에게는 극기복례를 제시하고, 어떤 제자에게는 행동하기 전에 좀더 생각하기를 권하고, 어떤 제자에게는 너무 많이 생각하지 말고 실천하라 하고, 어떤 제자에게는 풍류를 즐기라 한다. 공자는 묻는 이의 형편에 따라 시의적절한 처방을 준 것이다.

공자의 말을 듣던 제자 염구가 대꾸하길 "선생님의 말씀처럼 살면야 좋겠지만 저는 의욕도, 힘도 없습니다. 제가 어찌 성인이 되겠습니까?" 했다. 성인의 길을 권하는 공자의 뜻을 따를 수 없다는 말이다. 이런 태도는 마치 자신을 낮추는 겸양의 표현인 듯 싶지만, 사실은 아집이라는 교만함과 무지가 들어있다. 성인의 뜻이 무엇인지 모르면서 아는 듯 여기고, 자기는 할 수 없다고 스스로 한계를 짓는 좁은 소견의 울타리 속에 갇혀 눈앞의 이익만 추구하는 답답하고 어리석은 사람이다. 유교에서는 이런 사람들을 소인이라 한다.

소인들이 움직이는 세상이라 그들이 없다면 세상이 멈추겠지만 그렇다고 소인만으로 세상의 질서와 평화가 유지될 수 없다. 인간의 사사로운 욕망과 편견을 극복하여 모두와 공감할 수 있는 전체의 뜻을 키워갈 때 세상은 그만큼 평화롭고 행복할 것이다.

성인이란 타고난 본래의 마음, 순수성을 회복한 사람이요 누구나 바라는 것이다. 그런데 대개는 위대한 사람으로 착각하여 성인의 길을 포기한다. 또는 욕망의 절제를 고통이라 생각하여 회피한다. 그래서 염구처럼 대인의 길을 거부하고 소인의 삶에 만족하려 한다. 이 때문에 세상이 어지러운지 모르겠다. 세계 어느 나라나 대인의 지도자는 거의 없고 소인뿐이다. 소인의 시대가 가고 대인의 시대가 오는 날이 있을까?

[옹야편 6-10]
冉求曰(염구왈) 非不說子之道(비불열자지도) 力不足也(역부족야)
子曰(자왈) 力不足者(역부족자) 中道而廢(중도이폐) 今女畫(금녀획)
염구가 말하기를, 저는 선생님의 도를 듣고 기쁨이 없지 않지만, 제게 실천할 힘이 부족합니다. 공자께서 말씀하기를, 정말 힘이 부족한 사람이라면 일단 따라가다가 도중에 낙오하는 법인데, 너는 지금 시작도 하지 않고 못 하겠다고 하는구나.

17
내용과 형식이 모두 좋아야 빛난다

김윤영

아무리 훌륭한 생각을 하고 있더라도, 그 생각을 말이나 행동으로 잘 표현해야 인품 있는 사람으로 여겨진다. 마찬가지로, 글의 내용과 표현이 모두 좋아야 좋은 글이 될 수 있다. 취업이나 진학을 위해 쓰는 자기소개서나 이력서도 예외는 아니다. 필자가 학생을 선발하면서 느꼈던 경험을 바탕으로 자기소개서와 이력서의 내용과 형식이 어떻게 구성되어야 할지 생각해보았다.

자기소개서와 이력서를 읽는 사람은 단순한 독자가 아닌 평가자이다. 수많은 지원자들의 글을 읽는 평가자의 입장에서 글을 구성해야 한다. 많은 글을 평가해야 할 때는 보통 두 단계에 걸쳐 읽는다. (실제로 유사한 종류의 글에 대한 설문조사도 이를 뒷받침한다.) 첫 번째 단계에서는 모든 글을 빠르게 훑어보고, 두 번째 단계에서는 글의 내용(質)을 깊이 살펴본다.

따라서 첫 단계에서는 문장 구성이나 형식이 눈에 잘 띄는 글이 평가자의 관심을 끌어 먼저 읽힐 가능성이 크다. 많은 글을 읽다 보면 뒤로 갈수록 집중력이 떨어지기 때문에, 내 글이 평가 초반에 읽히도록 구성하는 것이 바람직하다. 그러므로 내가 설명하기 쉬운 방식이 아니라, 평가자가 읽고 이해하기 쉬운 방식으로 글을 써야 한다. 전개 방식은 물론, 폰트, 글자 크기, 색상, 줄 간격 등 세부 사항까지 세심하게 신경 써야 한다. 첫 단계에서 좋은 인상을 준 글은 두 번째 단계에서도 보다 정성스럽게 읽히기 마련이다.

두 번째 단계에서는 글의 내용을 세밀하게 평가한다. 학교나 회사에서 요구하는 조건에 맞는 좋은 내용이 있는지를 본다. 내가 만약 학교나 회사에서 새로운 인재를 선발하는 입장이라면, 어떤 사람을 원할지 생각해 보고, 그 조건에 가장 적합한 나의 강점을 명확히 전달해야 한다. 또한, 앞으로 내가 해야 할 공부나 일에 대한 진정한 열정을 간접적으로 전달할 수 있는 내용을 포함한다면 훌륭한 글이 될 것이다. 결국, 내 글의 형식과 내용이 모두 좋아야만 그 글이 진정으로 빛날 것이다.

[옹야편 6-16]
子曰(자왈) 質勝文則野(질승문즉야) 文勝質則史(문승질즉사) 文質彬彬(문질빈빈) 然後君子(연후군자)
실질의 내용만 앞세워 문식을 갖추지 않으면 촌스럽고, 문식만 현란하고 내용이 부실하면 허황하다. 문식과 실질을 조화롭게 갖춰야 품격있는 군자라고 할 수 있다.

18

삶에서 가장 큰 힘은 진실이고 정직이다

강철구

우리 삶에서 가장 큰 힘은 진실이고 정직이다. 당장 그 상황을 모면하고자 거짓말을 하고 자기 양심을 속인다면 후에 화를 부를 수 있다. 비록 당장은 꾸지람을 듣고 불이익을 받을지언정 정직하고 진실하다면, 그 사람은 신뢰를 얻을 수 있고, 그 신뢰를 바탕으로 앞으로 더 크게 성장할 수 있을 것이다.

나는 대학에서 강의할 때 문제풀이 숙제를 베끼면 −100점을 주고, 스스로 푼 경우에는 답이 다 틀려도 80점까지 주는 정책을 꾸준히 이어왔다. −100점을 받은 대부분의 학생은 잘못을 인정하고 다음부터 스스로 푸는데 비해, 일부 학생은 베끼지 않았다고 거짓말을 할 때가 있다. 그럴 경우에 그 학생을 불러 정밀 검토를 한 후 추가적인 감점을 주곤 했다. 그리고 앞으로 살아갈 때 진실과 정직이 본인의 가장 큰 힘이 될 수 있다는 것을 알려주곤 했다.

가정 및 사회생활에서 현 상황을 모면하기 위해 거짓말을 하게 되면, 거짓말이 또 다른 거짓말을 부르고, 결국은 파국을 맞을 수 있다. 요행히 거짓말로 현 상황을 잘 모면하더라도 나중에 결국 거짓이 드러나 신뢰를 잃게 되고, 그럼으로써 앞으로의 삶이 힘들어질 수 있다.

비록 현 상황에서 힘들고 불이익이 있더라도 정직하고 진실되게 사는 것이 길게 보면 나를 위한 지혜로운 삶이다.

[옹야편 6-17]

子曰(자왈) 人之生也直(인지생야직) 罔之生也幸而免(망지생야행이면)

사람의 삶은 정직해야 한다. 정직하지 않으면서 살아 있는 것은 요행히 화를 면했을 뿐이다.

19

가장 행복한 직업인은?

김윤영

필자는 대학에서 학생들을 가르치며 종종 이런 질문을 받는다. "앞으로 어떤 분야를 선택하는 것이 좋을까요?" 이 질문의 의도는 사실 '어떤 세부 전공이 미래 전망이 좋을까요?'에 더 가깝다. 이 질문을 받을 때마다 나는 "어떤 분야가 유망할지는 알 수 없다"라고 단호히 말한다. 지금으로부터 약 40년 전, 내가 대학생이었을 때도 30~40년 후 유망할 분야에 대한 예측이 있었지만, 그 예측은 별로 맞지 않았던 것 같다. 그래서 나는 학생들에게 이렇게 원론적인 조언을 해준다. "자신이 잘할 수 있고, 좋아하고, 즐길 수 있는 일을 하라." 공자의 아래의 가르침과 일맥상통하는 말이다.

또한, "전문가로서 구체적으로 어디까지를 즐겨야 할까?"라는 질문도 던져보라고 조언한다. 공학을 예로 들어보자. 공학은 단순한 호기심에서 출발하는 학문이 아니라, 인류 문명의 발전을 이루기 위한 학문이다. 단순히 재미를 위해 무용한 것을 만든다면,

그것은 전문가라기보다 아마추어의 영역이다. 전문가로서 공학을 한다면 그 결과물이 궁극적으로 인간의 복지에 기여할 수 있어야 한다. 인류 문명의 발전에 기여하는 과정 자체를 즐길 수 있어야 진정한 공학 전문가라 할 수 있다. 물론 신기술을 개발하는 그 자체를 좋아해야겠지만, 아마추어에게는 그저 행위 자체의 즐거움으로 충분하다. 하지만 전문가라면 자신의 일이 궁극적으로 추구하는 목적 자체도 즐길 수 있어야 한다.

따라서 어떤 분야를 선택할 기회가 온다면, 그 분야가 궁극적으로 추구하는 목적과 내가 지향하는 목적과 일치하는지를 고민해 보아야 한다. 만약 그게 일치한다면, 진정으로 행복한 직업인이 될 것이다.

[옹야편 6-18]
子曰(자왈) 知之者不如好之者(지지자불여호지자) 好之者不如樂之者(호지자불여락지자)
아는 자는 좋아하는 자만 못하고, 좋아하는 자는 즐거워하는 자만 못하다.

20
즐겁게 배우자

김진오

인류 문명이 발달하는 원리는 지식 축적이고, 이는 배움과 가르침을 통해서 이루어진다. 수렵채집사회 때에는 주로 가족 구성원 사이에서 이루어졌겠는데, 농경사회가 되면서 정착 생활을 하게 되어 오늘날의 학교에 해당하는 배움터에서도 지식이 전수되었고, 산업사회가 된 후에는 직장에도 그러한 기능이 추가되었다.

배움과 가르침이 유익한 것이건만 학창시절에는 간혹 휴강이 생기면 기분이 좋았다고 기억된다. 교수가 된 후에 고민했던 것 중의 하나가 '어떻게 가르쳐야 휴강한다고 할 때 학생들이 아쉬워할까'였다. 단지 수업료가 아까워서만이 아니라, 즐거운 시간을 갖지 못하게 되어 서운한 느낌이 들 수 있어야 할텐데...

싫증내지 않고 배우도록 "학이불염(學而不厭)" 하려면 우선 선생이 재미있고 유익하게 가르쳐야 한다. 학창시절에 숙제 하지 않은 학생이 벌 받는 경우가 있다. 벌 받기 싫어서 할 수 없이 하는 공부는 재미있을 리가 없다. 필자는 숙제를 해놓고도 학교에 가져가지 않아 벌 받은 경험이 있다. 가르치는 입장이 되어서는 잘 한 학생을 칭찬하거나 상을 주는 방식을 택하였다.

학창생활 이후에도 다른 방식으로 배움과 가르침이 필요하다. 대표적인 방식이 독서이다. 동서고금을 막론하고 학습의 기본은 독서이다. 그렇기에 독서를 취미 중 하나로 볼 수 없다는 주장도 있으나, 취미처럼 독서를 한다면 싫증내지 않고 즐겁게 할 수 있겠다. 독서를 통해 즐겁게 배우는 독자를 떠올리면, 가르칠 내용을 책으로 남기는 저술활동 또한 싫증내지 않고 즐겁게 할 수 있을 것이다.

21세기에 논어에서 지혜를 얻는다. 공자가 창시한 유학(儒學)은 조선의 개국에 기여하였다. 그러나 5백년 조선의 쇠약과 망국의 원인이기도 하였는데, 이는 유학 자체의 문제라기보다는 이상에만 빠진 기득권층이 실리를 함께 추구하지 못했기 때문이었다. 현대를 사는 우리가 반면교사로 삼아 배울 일이기도 하다.

[술이편 7-2]
子曰(자왈) 黙而識之(묵이지지) 學而不厭(학이불염) 誨人不倦(회인불권) 何有於我哉(하유어아재)
묵묵히 마음에 새기고, 배움에 싫증내지 않고, 남을 가르침에 게을리하지 않는다. 이게 나에게 무슨 어려움이 되겠는가?

21
가난해도 행복하게 사는 길

심중식

 나물밥에 물 마시고, 팔을 베고 잠을 잔다. 가난 속에서 평화로운 살림을 상징하는 말이다. 채식뿐인 나물밥에 차 한잔도 끓일수 없어서 냉수를 마시고, 푹신한 침대나 베개도 없는 가난한 살림이다. 산해진미의 진수성찬은 왕궁의 살림이지만 가난한 백성의 살림은 냉수에다 채식으로 산다. 실제로 1960년대까지만 해도우리 농촌에서 하루 세끼 밥도 먹기 힘들었다. 쌀밥은커녕 잡곡도제대로 못 먹고 감자 고구마 옥수수 등으로 때웠다.

 당시 우리나라 가난한 살림의 대표적인 공동체는 이현필(1913-1964) 선생이 이끄는 동광원이었다. 6.25 전쟁 직후 곳곳에쏟아진 고아들을 돌보는 보모들은 스스로 먹을 것을 구해야 했다.하루 겨우 한 끼를 먹으며 아이들을 돌보며 노동을 했으니 얼마나힘들고 배가 고팠을까. 그런데도 모두 불평 없이 날마다 기쁨으로 찬송하며 고된 줄도 모르며 살았다고 한다. 당시 보모의 책임자로 화순 도암면에서 살았던 분인데 지금 95세로 남원 동광원에 계시는 방순갑(1929~) 언님의 증언이다. 그 가난한 살림 속에서 무엇이 그렇게 기쁘고 행복했을까? 그분에 따르면 당시 말씀으로 인도하는 선생님이 계셔서 힘을 얻었고 선생님의 말씀이 기쁨의 근원이었다고 한다.

공자가 말하는 것도 이같은 안빈낙도(安貧樂道)의 삶이었다. 가난을 편안하게 여기고, 도(道)를 즐긴다는 뜻이다. 가난한 살림이지만 그 속에서 진리의 말씀으로 살 때 얻어지는 기쁨이 있다. 마치 방이 텅 비어 있을 때 창문으로 빛이 환하게 비추듯이 마음에 모든 사사로운 정욕이 비워질 때 진리의 참 빛이 기쁨으로 들어온다. 이런 안빈낙도의 삶을 살았던 사람이 안연(顔淵) 즉 안회였다.

시대에 따라서 개인이 아무리 노력해도 가난을 피할 수 없는 상황이 있다. 그런 경우에는 차라리 가난을 편안하게 여기고 도를 즐기는 것이 지혜롭지 불의하게 가난을 벗어나려 하면 안 된다고 공자께서 말씀했다. 정의롭지 못한 방법으로, 또는 정당하지 못한 방식으로 부귀를 얻는 일은 하늘의 뜬구름처럼 여기라는 것이다.

[술이편 7-15]

子曰(자왈) 飯疏食飮水(반소사음수) 曲肱而枕之(곡굉이침지) 樂亦在其中矣(낙역재기중의) 不義而富且貴(불의이부차귀) 於我如浮雲(어아여부운)

나물밥에 물 마시며, 팔을 베고 잠을 자도 즐거움이 그 안에 있구나. 떳떳하지 못하게 얻은 부귀란 나에게는 뜬구름과 같다.

52주간의 마음산책

22
일에 몰두하는 사람이 행복하다

심중식

공자의 특징은 한마디로 배움을 좋아하는 사람이었다. 공자가 음악을 배울 때는 3개월간 고기 맛을 잊었다고 한다. 배고픔을 잊어버릴 정도로 무슨 일이든 집중하여 몰두해야 터득하는 경지가 된다. 과학자도 예술가도 마찬가지다. 발명왕 에디슨도 전화기나 통신의 원리 등을 연구하면서 밤낮으로 몰두하여 침식을 잊었다고 한다. 예술가도 어떤 작품이 나올 때면 몰두하는 시간을 갖게 된다. 몰두하게 되어야 새로운 창조성 나오게 되고 그런 돌파구가 열릴 때처럼 기쁜 것이 없다. 모든 학문과 예술의 발전은 이런 몰두에서 비롯된다.

이렇게 볼 때 공자가 배움을 좋아했다는 말은 몰두하기를 좋아하고 몰두에서 나오는 기쁨을 즐겼다는 말이다. 창의적인 새로운 생각이 터지는 순간 너무 기뻐서 세상 모든 근심을 잊게 된다. 그뿐만 아니라 시간이나 세월이나 나이도 잊는다는 것이다. 진리를 깨닫는 순간에 희열을 느끼게 되고 그 희열의 순간에 세상도 잊고 세월도 잊어버린다는 것이다.

화순 도암의 숨은 성자로 알려진 이세종(1877-1942) 선생도 세월을 잊고 성경을 연구하는 일에 몰두했다. 그가 산속에 들어갈 때 모심기가 한창이었는데 내려올 때 보니 벌써 벼가 누렇게 익었다고 한다. 그만큼 성경공부에 몰두하여 시절이 바뀌는 줄도 몰랐다는 것이다. 그렇게 말씀을 터득하여 누구보다 지혜롭고 참다운 사람이 되었다.

누구나 세월과 나이를 잊을 만큼 배움에 몰두하며 살면 행복할 것이다. 공자가 여전히 우리에게 사표가 되는 것은 이런 배움의 태도가 아닐까? 과학, 철학, 예술, 종교, 그런 진리를 탐구하며 몰두하다가 터져 나오는 기쁨과 행복의 길을 보여준 사람이 공자다.

[술이편 7-18]

葉公 問孔子於子路(섭공 문공자어자로) 子路 不對(자로 불대) 子曰(자왈) 女奚 不曰(여해불왈) 其爲人也(기위인야) 發憤忘食(발분망식) 樂以忘憂(낙이망우) 不 知老之將至云爾(부지노지장지운이)

섭공이 자로에게 공자에 관해 묻자 대답을 하지 못했다. 공자께서 말씀하기를, 자네는 어찌 이렇게 말하지 못했소? 그분이 열심을 낼 때는 먹는 일도 잊었고, 즐거움으로 모든 근심을 잊었으며, 늙음이 다가오는 것도 모르는 사람이었다오.

23

열린 마음과 겸손은 행복에 이르는 지름길이다

강철구

마음의 문을 열고 겸손하게 사는 것은 우리 삶의 가장 기본자세이다. 본인의 작은 성취에 도취되어, 어떤 이는 남의 말을 들으려 하지 않고 자기주장만 펼치거나, 어떤 이는 겸손을 잃고 오만하게 살아가기도 한다.

내 삶이 궁극적으로 성공하기 위해서는 현재 내가 어떤 사회적 위치에 있더라도 마음의 문을 열고 다양한 정보를 겸손하게 받아들일 수 있는 자세가 필요하다. 내가 비록 어떤 면에서 상대방보다 더 낫다고 할지라도 다른 면에서는 상대방으로부터 배울 것이 있을 수 있다. 상대방에게서 나보다 나은 것이 보이면 그것을 적극적으로 받아들이고, 상대방에게 나쁜 것이 보인다면 그것을 거울삼아 나는 그러한 오류에 빠지지 않도록 하는 열린 마음의 자세와 겸손한 자세가 필요하다.

잠시 성공한 듯하더라도 마음의 문을 닫고 겸손을 잃으면, 나로부터 모두가 떠나버리고 얻은 모든 것을 잃고 불행해질 수 있다. 어떤 이는 남의 말은 듣지 않고 자기의 생각만 고집하거나, 어떤 이는 주변으로부터 받은 상처로 마음의 문을 닫기도 하지만, 우리는 어떤 상황에서도 마음의 문을 열고 겸손하게 살아야 행복해질 수 있다. 열린 마음과 겸손은 나의 내면을 살찌우고 행복에 이르는 지름길이다. 그렇게 해야 주변으로부터 환영받고 본인 내면의 삶도 행복해질 수 있다.

증자는 공자의 제자로 공자사상을 자사, 맹자로 이어준 계승자인데, 증자도 마음을 열고 겸손하게 살아야 한다고 가르치고 있다. 성경에서도 "교만하면 재난이 따르고, 겸손하면 영광이 따른다"(잠언 18:12)고 하지 않았던가!

[태백편 8-5]
曾子曰(증자왈) 以能問於不能(이능문어불능) 以多問於寡(이다문어과) 有若無 實若虛(유약무 실약허) 犯而不校(범이불교) 昔者吾友嘗從事於斯矣(석자오우상종사어사의)
증자가 말하기를, 능하면서도 능치 못한 사람에게 가르침을 청하고, 지식이 많아도 지식이 적은 사람에게 가르침을 청한다. 재능이 있으면서도 없는 듯하고, 지식이 차 있으면서도 빈 듯하고, 시비를 걸어와도 다투지 않는다. 지난날 내 친구가 이런 일에 힘써 노력했다.

24
평생학습을 위한 습관을 들이자

김진오

'평생교육'의 시대라고 하는데, 교육자가 아닌 일반인의 시각에서 보면 '평생학습'의 시대라고 할 수 있겠다. 전문성을 위해서는 좁고 깊게 공부해야겠지만, 평생 하는 공부는 폭넓게 하는 것도 필요하다(博學於文). 뭔가를 평생 하려면 우선 재미가 있어야 한다.

나이가 들어가면 어린 애 같아진다고 하니, 정년 퇴임한 필자는 평생학습 할 내용을 어릴 때 학습 과목과 연계시켜 보았다. 초등학생 때에 과목이 국산사자음미실체(국어, 산수, 사회, 자연, 음악, 미술, 실과, 체육)였다. 그 후 교과과정이 바뀌고 영어가 추가되면서, 국영수사과예체(국어, 영어, 수학, 사회, 과학, 예술, 체육)라고도 한다. 체육은 학습이라기 보다는 운동이며, 건강관리에 해당한다.

평생학습은 아무래도 독학에 주로 의존하니 독서가 몸에 배어 있는 게 좋다. 독서를 하되 다양한 관점의 책들을 고루 읽어 균형을 갖추는 게 바람직하다. 평생 책 한 권 읽은 사람이 제일 위험하다는 말이 있다.

요즈음에는 서적 외에도 유익한 학습 매체들이 다양해졌다. 인터넷 덕분에 필요한 정보를 쉽게 검색해서 알아낼 수 있고, 유튜브에 온갖 정보들이 넘쳐난다. 챗지피티(Chat GPT)에 질문을 잘하면 올바른 자료를 확보할 수도 있다.

자전거를 탈 때 쓰러지지 않으려면 페달을 꾸준히 밟아 앞으로 나가야 하듯이 끝이 없다(不及)는 마음으로 노력하고, 설령 끝이라고 생각되더라도 잃을까 두려워(恐失) 하는 마음으로 계속 유지해야겠다.

[태백편 8-17]
子曰(자왈) 學如不及(학여불급) 猶恐失之(유공실지)
배움이란 여전히 미치지 못한 것처럼 여기고, 오히려 그것을 잃지나 않을까 두려워하는 것이다.

[옹야편 6-25, 안연편 12-15]
子曰(자왈) 博學於文(박학어문) 約之以禮(약지이례) 亦可以弗畔矣夫(역가이불반의부)
널리 문물을 배우고 예법으로 그것을 단속하게 되면, 또한 도리에서 벗어나지 않게 될 것이다.

25
우리가 버려야 할 네 가지 나쁜 태도

김윤영

공자에게는 아래에서 말하는 네 가지 나쁜 태도가 없으셨다고 한다. 이런 태도를 버리면 모든 인간관계(친구, 부부 관계 등)가 원만할 것이다. 또한 사람들과 어떤 일을 같이 도모할 때도 꼭 버려야 하는 태도이다. 필자는 대학에서 연구를 오래 하면서, 왜 이 네가지를 버려야 좋은 연구를 할 수 있는지 느낀 바 있어 그 이야기를 해보고자 한다.

1. 근거 없이 의심하지 않기: 지금까지 아무도 시도하지 않은 완전히 새로운 연구에 도전할 때, "안 될 것 같다"며 불안해하는 연구원들이 있다. 그럴 때 나는 이렇게 말하곤 한다. "실패할 것이라면, 실패할 근거를 제시해보라"고. 내가 하는 공학 연구에서는 물리적인 법칙을 위반하지 않는 한 이론적으로 안 되어야 할 이유가 없다. 단지 아무도 시도하지 않았고, 아직 성과가 없다는 이유만으로는 실패의 근거가 될 수 없다.

2. 해오던 방식에 안주하지 않기: 새로운 연구에는 새로운 해결 방법이 필요하다. 비슷한 연구에서 효과적이었던 방법이라 해도 내가 해결하려는 문제에서도 반드시 효과적일 것이라고 장담할 수는 없다. 따라서 시야를 넓혀 완전히 다른 각도에서 문제를 바라볼 필요가 있다. 남들이 해 온 방식을 그대로 따라가는 것이 항상 답이 될 수는 없다.

3. 내 생각만 고집하지 않기: 새로운 연구를 시작할 때 연구 방법을 미리 구상하더라도, 실제로 연구를 진행하다 보면 예상대로 되지 않는 경우가 많다. 함께 연구하는 동료나 학생들의 의견에도 진지하게 귀를 기울여야 한다. 자신의 생각만이 옳다고 고집하면 연구의 진전을 방해하는 경우가 많다.

4. 나만 생각하지 않기: 공동 연구를 하다 보면, 누가 더 많은 기여를 했는지에 대한 견해 차이가 생기기도 한다. 이때 상대방의 입장에서 생각하며 그들의 기여를 최대한 인정해 주어야만 앞으로도 협력하고 좋은 관계를 유지할 수 있다.

[자한편 9-4]

子絶四(자절사) 毋意(무의) 毋必(무필) 毋固(무고) 毋我(무아)

공자는 네 가지를 끊으셨다. 근거없이 추측하지 않고(의심하지 않고), 꼭 그래야 한다고 단정하지 않고, 자신의 생각만을 고집하지 않고, 자신만을 생각하지 않았다.

26

스승을 존경할수록 제자도 발전한다

심중식

안연이 공자를 보며 탄식했다. "선생님은 우러러볼수록 높아지고, 뚫어볼수록 단단해지고, 눈앞에 계시는가 했는데 홀연 뒤에 계시네."

도저히 오를 수 없을 만큼 높은 인격 앞에서 경외감을 느낄 때 은산철벽(銀山鐵壁)이라는 말도 쓴다. 흰 눈에 덮힌 히말라야처럼 높고 철갑을 두른 듯한 절벽이라 오를 수가 없다는 것이다. 선생님이 앞에 계신가 하면 벌써 자취를 감추고 홀연 뒤에 계신다는 말은 마치 하늘의 용처럼 조화가 무궁하다는 말이다. 즉 안회가 볼 때 스승 공자는 자기와는 차원이 다른 절대적 존재라는 것이다. 그런 선생님께서 차근차근 성인의 길로 인도하시고 진리의 말씀으로 나를 넓혀주셨으며 또 예악으로 요약하여 이끌어주시니 있는 힘과 재주를 다하여 따를 수밖에 없었다는 고백이다. 이렇게 자기의 온 힘과 재주를 다하여 따라왔는데 이제는 선생님의 경지를 자기 힘으로는 도저히 오를 수도 없고 뚫을 수도 없으니 어떻게 하느냐는 것이다.

이런 것을 볼 때 안회야말로 진짜 공자의 제자라는 생각이 든다. 스승이 자기와 비슷한 수준에서 한두 발 앞서간 사람이라면 진짜 스승이라 할 수가 없다. 스승은 나와 전혀 다른 차원에 계신 절대적 존재라야 나도 그런 새로운 차원으로 비약하는 일이 가능하기 때문이다. 그러니까 선생님을 만나서 배우다가 어떤 절대의 경지를 느껴야 비로소 스승과 제자의 관계가 형성된다. 스승이 은산 철벽으로 느껴질 때 그것을 어떻게 해결할 것인가? 그 과제를 돌파할 때 제자도 알에서 병아리로 부화한다.

안회가 이런 고백을 언제 했는지 모르지만 공자가 안회에게 극기복례를 말하는 것을 보면 아마도 이런 은산철벽의 단계를 극복하여 새로운 인격으로 거듭났을 것이다. 이제 그가 깨어난 것을 보고 어떻게 날아야 하는지 그 도를 가르친 것이 아닐까. 그런데 그만 요절하고 말았으니 공자의 슬픔이 얼마나 컸을까. 아직 날지 못해도 병아리로 깨어났기에 안회를 스승에 버금가는 아성이라 한 것 아닐까.

[자한편 9-10]
顔淵 喟然歎曰 (안연 위연탄왈) 仰之彌高(앙지미고) 鑽之彌堅(찬지미견) 瞻之在前(첨지재전) 忽焉在後(홀언재후)
안연이 길게 탄식하며 말하기를, 우러러보면 볼수록 더욱 높아지고, 뚫어보면 뚫어볼수록 더욱 단단해지고, 눈앞에 계시는가 했는데 홀연 뒤에 계시네.

52주간의 마음산책

27
성품이 착하고 문화를 사랑했던 동이족

강철구

중국의 오래된 역사책 후한서(後漢書) 동이열전(東夷列傳) 서(序)에서 고대 우리민족을 가리켜 동이족(東夷族)이라 하고 다음과 같이 기록하였다.

"동방사람들을 이(夷)라고 하는데 이는 뿌리를 의미한다. 그 성품이 어질고 생명을 좋아하므로, 만물이 땅에 뿌리를 내려 잘 살아가듯 한다. 그들은 천성이 유순하여 도로써 다스리기 쉬워 군자가 불사(不死)하는 나라가 되기에 이르렀다. 이(夷)에는 아홉 종류가 있으니, 견이 우이 방이 황이 백이 적이 현이 풍이 양이가 그것이다. 고로 공자도 구이(九夷)에서 살고 싶어하였다. (중략) 이러한 동이족은 모두 제 고향에 사는 토착민으로서, 음주와 가무를 좋아하고, 고깔모자를 쓰고 비단옷을 입으며, 조두(俎豆)라는 제기(祭器)를 사용하였으니, 중국이 예(禮)를 잃었을 때 가서 배워올 만하다."

또 삼국지(三國志) 위서(魏書) 동이전(東夷傳) 예조(濊條)에서 동이족을 다음과 같이 기술하였다.

그들은 "집의 문을 걸어닫지 않아도 도둑질을 하지 않는다"

이와 같이 우리의 옛 조상은 천성이 착하고 문화를 사랑하였다. 물질보다 정신세계를 중시했던 공자도 심지어 구이에 살고 싶어하였으니 자부심을 가질 만하다.

한자 이(夷)는 큰 대(大)와 활 궁(弓)을 합친 글자로 큰 활을 쏘는 사람이란 뜻이니, 고구려 무용총 벽화에서 뒤돌아 활을 쏘는 멋진 수렵도와, 오늘날 우리가 올림픽 양궁경기에서 좋은 성적을 내는 것은 우연이 아닌 듯하다.

[자한편 9-13]

子欲居九夷(자욕거구이) 或曰(혹왈) 陋(누) 如之何(여지하) 子曰(자왈) 君子居之(군자거지) 何陋之有(하루지유)

공자께서 구이에 가서 살고 싶다고 하자 어떤 이가 말하기를, 누추한 곳에서 어떻게 살겠습니까? 공자께서 말씀하기를, 군자가 거처함에 무슨 누추함이 있겠는가?

28

인생의 단계마다 최선을 다하자

김진오

사람의 일생이 식물의 일대기 싹(苗)-꽃(秀)-열매(實)와 유사하다. 여러 단계가 있는데, 어느 하나 소홀히 할 수 없다.

사람이 출생하여 유년기에 어른들의 보살핌을 받고, 청소년기에 학교 교육을 받으며 성장하고, 성인이 되어 사회에 진출할 준비를 한다. 묘(苗)의 단계이다. 근본적으로 씨 뿌리지 않고 싹이 나기를 기대할 수 없다.

성인이 되어 발전하고 성숙하며 사회에서 활약한다. 수(秀)의 단계이다. 화려하거나 수수한 꽃을 피우듯 청장년기를 보내는 게 일반적이지만, 간혹 좌절하거나 낙오하여 꽃을 제대로 피우지 못하는 사례도 있다. 꽃을 피운다 하더라도 벌이나 나비가 찾아오려면 향기가 나야 한다. 꽃이 제 아무리 화려해도 향기가 나지 않으면 소용이 없다. 사람도 인품에서 향기가 나면 주변에 좋은 사람들이 모이게 된다.

절정의 시기를 지나면 쇠퇴하며 은퇴하고 마무리 하는 과정에 접어든다. 실(實)의 단계이다. 절정 시기를 지난 후의 기간을 어떻게 보내는지에 따라서 후세에 물려줄 열매가 달라질 수 있다. 꽃이 핀 후 씨를 맺어 번식 준비하는 과정에서 식물은 곤충의 도움을 필요로 한다. 다른 곳에서 싹이 나게 하려면 열매를 동물이 먹어서 씨를 이동해 주어야 한다.

도시 인구 비율이 증가하는 요즈음에 농사나 화훼를 잘 모르는 사람들에게는 싹-꽃-열매 비유가 실감 나지 않을지도 모른다. 인생을 스포츠 경기에 비유하기도 한다. 경기가 끝나갈 때 쯤에 극적으로 승부가 나는 사례가 있다. 야구에서는 9회말 투아웃 상황에서 끝내기 안타 또는 홈런이 나와 팬들을 열광하게 한다. 농구에서는 경기 종료를 알리는 소리가 나기 직전에 던진 공이 골인이 되는 버저비터가 역전승을 만든다. 축구에서는 종료 직전에 이루어진 극장골로 명승부의 마침표를 찍는다. 끝날 때까지 끝난 게 아니라는 말이 있다. 인생도 마찬가지이다.

[자한편 9-21]

子曰(자왈) 苗而不秀者有矣夫(묘이불수자유의부) 秀而不實者有矣夫(수이불실자유의부)

싹이 돋았으나 꽃이 피지 않는 것도 있고, 꽃은 피었으나 열매가 맺히지 않는 것도 있다.

29

리더에게 꼭 필요한 세가지 자질

김윤영

맥킨지(McKinsey)사는 리더십의 주요 행동 유형을 파악하기 위해 약 20만 명을 대상으로 81개 조직에서 글로벌 설문조사와 학술 문헌을 분석했다. 2024년 9월 발표된 이 분석에 따르면, 현대 리더십을 구성하는 주요 행동 유형은 크게 네 가지로 요약된다. 바로 '지원적 태도', '결과 지향적인 조직 운영', '다양한 관점 수용', 그리고 '효과적인 문제 해결'이다. 그렇다면 이러한 행동을 하기 위해서는 리더는 어떤 자질을 갖추어야 할까? 나는 그 답을 공자의 가르침에서 다음과 같이 찾을 수 있었다.

첫째, 리더에게는 현명한 판단력이 있어야 한다. 판단력이 현명하지 못하면 SNS를 통해 쏟아지는 왜곡된 정보나, 이상한 사람들의 근거 없는 억측이나 주장에 좌지우지되어 잘못된 판단을 할 수 있다. 우리에게 필요한 리더는 다양한 관점을 수용하면서도 잘못된 정보에 휘둘리지 않고 올바른 판단을 내릴 수 있는 지혜가 있어야 한다. 그래야만 제대로 문제를 해결할 수 있다.

둘째, 리더에게는 사람을 배려하고 사랑하는 마음이 있어야 한다. 리더십은 단순히 명령을 내리는 것이 아니라, 사람들을 이끌고 동기를 부여하는 것이다. 이를 위해서는 타인을 배려하고 사랑하는 마음이 중요하다. 즉, 리더가 조직 구성원들의 필요와 감정을 이해하고, 그들의 성장과 행복을 지원하려는 태도를 보인다면, 조직은 훨씬 더 조화롭고 효과적으로 운영될 수 있을 것이다.

셋째, 리더는 어려운 결정도 용기있게 내리고 또 이를 용기있게 실행에 옮길 수 있어야 한다. 이런 용기 없이는 불확실성에 발목이 잡혀 조직의 발전을 가로막을 수 있다. 용기는 실패를 두려워하지 않고 조직 구성원들을 이끌고 목표를 향해 나아가게 하는 원동력이다.

이 글을 통해 많은 젊은이가 현명한 판단력, 타인을 배려하고 사랑하는 마음, 그리고 용기 있는 실행력을 체화하여 우리나라를 이끌 진정한 리더로 성장하기를 진심으로 기대한다.

[자한편 9-28]

子曰(자왈) 知者不惑(지자불혹) 仁者不憂(인자불우) 勇者不懼(용자불구)

지혜로운 자는 미혹되지 않고, 어진 자는 근심하지 않고, 용맹한 자는 두려워하지 않는다.

30
자기의 정체성을 가지고 살자

강철구

사람은 자기의 튼튼한 정체성(identity)를 가지고 살아야 한다. 튼튼한 나무 둥치가 많은 가지와 잎을 달 수 있고 폭풍우를 견딜 수 있듯이, 자기의 정체성 둥치를 튼튼히 하여야, 어떤 상황에서 어떤 이를 대하더라도 한결같이 올바르게 대할 수 있고 성공적인 삶을 살아갈 수 있다.

자기보다 낮은 곳에 있는 사람을 얕보거나, 자기보다 높은 곳에 있는 사람에게 아부하는 것은 올바른 삶의 태도가 아니다. '최대 다수의 최대 행복'을 주창했던 공리주의 철학자 제러미 벤덤(Jeremy Bentham)은 '모든 인간의 가치는 동일하다'는 것을 철학의 시발점으로 삼았다. 인간의 가치가 동일하다는 것은 불교와 기독교의 기본 사상이기도 하다.

모든 인간의 타고난 가치는 동일하기 때문에 자기보다 못한 이를 얕보거나 업신여겨서는 안된다. 자기보다 높은 이들도 동일한 가치를 가지기 때문에 주눅들거나 아부할 필요가 없다.

따라서 누구에게나 온화하고 정직하고 공손하게 대하는 것이 올바른 삶의 태도이다. 특히 최고 지도자에게 간언할 때는 그의 말 한마디가 많은 사람들에게 큰 영향을 미칠 수 있으므로, 아부하지 말고 올바른 것을 신중하고 공손하게 간언해야 한다. 종종 상대방이 나의 태도를 못마땅해 한다면 그것은 나에게 문제가 있는 것이 아니고 상대방에게 문제가 있는 것이니 흘려버리면 된다.

잘 났다고 뻐길 것도, 못났다고 기죽을 것도 없다.

[향당편 10-2]
朝與下大夫言(조여하대부언) **侃侃如也**(간간여야) **與上大夫言**(여상대부언)
誾誾如也(은은여야) **君在**(군재) **踧踖如也**(축적여야) **與與如也**(여여여야)
조정에서 하대부와 말할 때는 온화하시고, 상대부와 말할 때는 공손하면서도 정직하셨다. 군주 앞에서는 신중하면서도 여유있게 말씀하셨다.

31

삶을 알지 못하고 어찌 죽음을 알까

심중식

사람이 죽으면 혼(마음)과 백(몸)이 흩어져 신령으로 돌아간다고 하여 귀신이라 한다. 귀신을 어떻게 섬겨야 하느냐고 묻는 자로에게 공자는 대답하길 살아 있는 사람을 섬기지 못하면 어떻게 죽은 사람을 섬길 수 있겠느냐 했다. 그러자 자로는 죽음에 대하여 궁금해졌다. 그래서 조심스럽게 다시 죽음이 무엇이냐고 질문을 했다. 그러자 공자는 또 "삶을 모르면 어찌 죽음을 알겠느냐?"고 했다.

공자의 대답은 전형적인 중용의 가르침이다. 공자는 누가 물으면 그 양단을 들어서 가운데를 취한다고 하였다. 논어 자한편에서 공자는 누가 내게 질문하면 나는 텅 빈 마음으로 그 양단을 두드려 그 뜻을 다 알 수 있도록 도울 뿐이라 하였다. 이런 중용의 방식으로 자로의 물음에 대답한 것인데 그 양단은 삶과 죽음이다. 산 사람과 죽은 사람, 삶과 죽음, 이렇게 양단을 붙잡아 그 중용의 뜻을 스스로 깨닫도록 인도해준 것이다.

　살아계신 분을 섬기는 마음이나 돌아가신 분을 섬기는 마음이나 같은 것이지 서로 다름이 아니다. 그러니까 살아계신 분을 제대로 섬길 줄 알면 돌아가신 분도 제대로 섬길 줄 알게 된다. 그런데 대부분 부모님이 살아계실 때면 제대로 섬기지 못하다가 돌아가신 다음에 성대한 제사로 마치 효성스러운 듯 행동한다. 삶과 죽음도 마찬가지로 둘이 아니다. 삶 속에 죽음이 있고 죽음 속에 삶이 있어서 서로 분리될 수 없는 것이다. 그러니까 이 양단을 붙잡고 하나라는 것을 깨달아야 생사일여(生死一如)라는 중용을 취할 수 있다. 다시 말하여 죽음을 알고 싶으면 삶을 알라는 말이다. 삶을 알면 저절로 죽음도 알기 때문이다. 그런데 지금 여기라는 순간의 삶도 모르면서 죽음이라는 망상을 붙들고 알려고 하느냐는 것이다. 지금 여기에 생사가 함께 있음을 보아 생사를 넘어서라는 사생지설(死生之說)이 공자 가르침의 핵심이다.

[선진편 11-11]
季路問事鬼神(계로문사귀신) 子曰(자왈) 未能事人(미능사인) 焉能事鬼(언능사귀) 曰 敢問死(왈 감문사) 曰(왈) 未知生 焉知死(미지생 언지사)
자로가 돌아가신 귀신을 섬기려면 어떻게 하면 좋으냐고 여쭙자 공자께서 말씀하기를, 살아 있는 사람도 잘 섬기지 못하면서 어떻게 죽은 사람을 섬길 수 있겠느냐? 그러자 자로가 말하기를, 감히 묻습니다만 죽음이란 무엇입니까? 이에 대해 말씀하기를, 삶도 모르면서 어떻게 죽음을 알겠느냐?

32

지나치거나 모자람이 없도록

김진오

화초를 가꾸다 보면 물을 적절하게 주는 게 중요하다. 물을 적게 주어도 안 되지만 너무 자주 주어도 안 된다. 화초 종류에 따라서도 다르다. 건강 관리를 위해 운동을 하면서도 적절하게 해야 한다. 운동이 부족하면 몸에 안좋지만 운동을 너무 지나치게 하면 오히려 탈이 날 수도 있다. 지나친(過) 것은 부족한(不及) 것과 마찬가지(猶)인 사례들이 많다.

식사를 너무 적게 하면 영양부족 또는 영양실조가 되기도 하지만, 과식을 하면 배탈이 나기도 하고 장기간 과식을 하면 비만이 된다. 적절한 음주는 몸에 좋다는 의견이 있는데, 과음하면 실수하기 쉽다. 특히 운전 앞두고 하는 음주는 치명적이다. 약을 적절히 복용하면 건강 회복에 도움이 되지만, 과다복용 하면 오히려 인체 장기를 손상시킬 수도 있다. 신체의 신경전달물질인 도파민은 두뇌의 활동이나 인지 학습 등에 필수적인데, 부족하면 우울증

이 생기고 과도하면 흥분 상태가 될 수 있다고 한다. 재물이 부족하면 생존이 어렵거나 생활이 불편한데, 재물에 과욕을 부리다가 인생에 돌이킬 수 없는 잘못을 하는 사례도 있다.

대화 중에 말이 너무 적은 사람이 있고 너무 많은 사람이 있다. 회의에서 경험한 일이다. 20명쯤 모인 자리에서 참석자 중 한 사람이 발언을 10분 가량 독점하더니, 말이 너무 길었다고 스스로 느낀 듯 "요약하면"이라고 발언 정리를 시작하였다. 그러고는 3분 가량 발언을 이어나갔다. 다 듣고 나니 그 사람이 무슨 말을 하고자 한 것인지 요약이 되지 않았다.

지나치게 하지 않는다고 학생이 공부를 적당히 하는 핑계로 삼으면 안 될 것이다. 공부에는 끝이 없으므로 아무리 해도 지나침이 없으니까. 경우에 따라서는 많을수록 좋다(多多益善)는 것도 있다.

[선진편 11-15]

子貢問(자공문) 師與商也孰賢(사여상야숙현) 子曰(자왈) 師也過 商也不及(사야과 상야불급) 曰(왈) 然則師愈與(연즉사유여) 子曰(자왈) 過猶不及(과유불급)

자공이 묻기를, 사(자장子張)와 상(자하子夏) 둘 중에서 누가 낫습니까? 공자께서 말씀하기를, 사는 지나치고 상은 부족하다. 자공이 말하기를, 그럼 사가 나은 겁니까? 공자께서 말씀하기를, 지나친 것은 부족한 것과 마찬가지이다.

33

내가 하기 싫은 것은 남도 하기 싫다

김진오

궂은일이지만 누군가는 해야 하는 일이 있다. 조직 사회에서 지시 권한을 가진 사람은 그런 일을 남에게 시키려는 경향이 있다. 지시 받은 사람은 어쩔 수 없이 하겠지만 마음속으로는 불만이 생길 것이다. 자신이 하고 싶지 않은 일(己所不欲)을 남에게 시키지 않아야(勿施於人) 원망 받지 않을 것이다. 이런 일은 예나 지금이나 마찬가지이다.

중용(中庸) 13-3에 같은 표현이 있다. 충서 위도불원 시저기이 불원 역물시어인 (忠恕 違道不遠 施諸己而不願 亦勿施於人). 즉, "忠과 恕는 道로부터 멀리 어긋나지 않는 것이니, 자기에게 베풀어지기를 바라지 않는 것은 절대로 남에게 베풀지 말아야 한다"는 의미이다. 마태복음 7장 1절에 "비판을 받지 아니하려거든 비판하지 말라"는 예수님 말씀이 있다.

성심 또는 성실한 마음으로 남을 대하면 서로 존중하게 되고 신뢰가 형성될 것이다. 작자 미상인 다음 글이 이를 잘 표현한다. "누가 해도 할 일이면 내가 하자. 언제 해도 할 일이면 지금 하자. 내가 지금 할 일이면 더 잘하자." 아직도 미흡함을 느끼는 필자는 선물 받은 이 글을 벽에 붙여놓고 종종 읽으며 다짐을 하곤 한다.

[안연편 12-2]

仲弓問仁(중궁문인) 子曰(자왈) 出門如見大賓(출문여견대빈) 使民如承大祭(사민여승대제) 己所不欲 勿施於人(기소불욕 물시어인)

중궁이 어짊(仁)에 대해 묻기에 공자께서 말씀하기를, 대문 밖에 나가면 큰 손님을 맞이할 때처럼 조심하고, 백성을 부릴 때는 언제나 큰 제사를 지내는 것처럼 신중하며, 자신이 하고 싶지 않은 일을 남에게 시키지 않는 것이다.

[위령공편 15-23]

子貢問曰(자공문왈) 有一言而可以終身行之者乎(유일언이가이종신행지자호) 子曰(자왈) 其恕乎(기서호) 己所不欲 勿施於人(기소불욕 물시어인)

자공이 묻기를, 단 한마디로 평생토록 실천할 말이 있습니까? 공자께서 말씀하기를, 아마도 '서(恕)' 이리라. 자신이 하고 싶지 않은 일을 남에게 시키지 않는 것이다.

34

남에게 보여주려고 인생을 낭비하지 마라

강철구

삶은 남에게 보이기 위해서가 아니라 나의 내면을 성찰하는 자세로 살아야 한다. 독일 철학자 쇼펜하우어는 "남에게 보여주려고 인생을 낭비하지 마라"고 했다. 남에게 보이기 위한 것이 아니라 내 내면을 향해 스스로 양심을 저버리지 않는 삶을 산다면, 근심하지 않고 두려워하지 않을 수 있다고 공자는 가르치고 있다.

오늘날 우리는 기술의 발달로 사람들 사이가 더 연결되고, 국경을 초월하여 더 넓게 소통하며, 인터넷 SNS를 통해 수많은 메시지를 주고받는 세상에 살고 있다. 이러한 세상에서 내 스스로 떳떳할 수 있다면, 나를 향한 비난이나 악플을 극복할 수 있는 힘이 생길 수 있다. 하나의 작은 사건으로 수많은 비난과 SNS 악플에 시달리다가 생을 마감하는 경우를 보기도 한다. 내면을 향해 떳떳한 삶을 살고 있다면 나를 향한 비난과 악플을 무시하면 된다. 왜냐하면 나에게 문제가 있는 것이 아니라 상대방에게 문제가 있기 때문이다.

내 삶의 주인은 나임을 명심하고, 내면을 향해 떳떳하게 삶으로써 근심이나 두려움에서 벗어나 평안하게 사는 것이 행복에 이르는 바람직한 삶의 자세이다.

[안연편 12-4]

司馬牛問君子(사마우문군자) **子曰**(자왈) **君子 不憂不懼**(군자 불우불구) **曰**(왈) **不憂不懼**(불우불구) **斯謂之君子矣乎**(사위지군자의호) **子曰**(자왈) **內省不疚**(내성불구) **夫何憂何懼**(부하우하구)

사마우가 군자에 대해 물으니 공자께서 말씀하기를, 군자는 근심하지 않고 두려워하지 않는다. 사마우가 다시 묻기를, 근심하지 않고 두려워하지 않으면, 그를 군자라고 할 수 있겠습니까? 공자께서 말씀하기를, 군자가 안으로 자신을 살펴 허물이 없으면, 무엇을 근심하고 무엇을 두려워하겠느냐?

35

남의 장점을 살리고 단점을 고쳐주는
좋은 멘토가 되려면?

김윤영

　누군가의 부모로서, 형으로서, 선생으로서, 또는 선배로서 멘토 역할을 해야할 때가 있다. 단순한 조언을 넘어 상대방이 잘 몰랐던 장점도 찾아주고 단점까지 고쳐줄 수 있다면 정말 좋은 멘토가 될 것 같다. 공자가 "군자는 남의 좋은 점을 완성시키고 단점을 없애준다" 고 말씀하셨는데, 이렇게 군자처럼 행동할 수 있으면 가장 이상적인 멘토가 될 것이다.

　직업상 필자도 여러 상황에서 멘토 역할을 하면서, '좋은 멘토일까' 늘 자문하곤 했다. 좋은 멘토가 되려면 인의예지신(仁義禮智信)이라는 5가지 덕목을 갖추어야 한다는 생각에 이르렀다. 그 5가지를 하나씩 살펴보자.

　첫째는 인(仁)이다. 상대방을 배려하고 사랑하는 마음이 바탕에 있어야 한다. 배려와 사랑이 없다면 내가 하는 말은 결국 아첨이나 비난이 될 뿐이다.

　둘째는 의(義)다. 정의롭고 바른 것을 내 기준으로 삼아야 한다. 아무리 상대방을 아끼더라도, 의롭지 못한 행동을 칭찬하거나 권해서는 안 된다.

셋째는 예(禮)를 갖추는 것이다. 상대방을 하나의 인격체로 존중해야 한다. 나이가 많거나 윗사람이라는 이유로 상대방을 가르치려는 태도를 취한다면, 내 말이 과연 상대방에게 울림을 줄 수 있을까? 존중 없이 하는 충고는 단지 쓸데없는 말에 그칠 수 있다.

넷째는 지(智), 즉 지혜로움이다. 내가 하려는 말이 지금 이 순간에 상대방에게 꼭 필요한지 판단할 수 있어야 한다. 아무리 좋은 말이라도 적절한 시점과 방식이 아니면 오히려 독이 될 수 있다. 칭찬이든 충고든, 그 순간에 필요한 것인지를 분별할 수 있어야 한다.

마지막으로 신(信), 즉 신뢰가 바탕이 되어야 한다. 나와 상대방 사이에 신뢰가 없다면 내가 아무리 좋은 말을 하더라도 상대방은 그 말을 믿지 못할 것이다. 결국 상대방을 존중하며 배려하는 진심을 담아 멘토링을 한다면 상대방의 장점을 살리고 단점을 고쳐줄 수 있는 좋은 멘토가 될 것이다.

[안연편 12-16]

子曰(자왈) 君子(군자) 成人之美(성인지미) 不成人之惡(불성인지악) 小人(소인) 反是(반시)

군자는 남의 좋은 점은 완성하고, 단점은 없애주도록 한다. 소인은 그 반대로 한다.

36

정치란 자기를 바로잡는 일이다

심중식

정치가 무엇일까? 정치란 나라 공동체를 통해서 인간의 가치와 정의를 실현하는 활동이다. 그런데 우리 정치인들은 오직 권좌를 위한 권력투쟁밖에 보이지 않는다. 나라와 국민을 위한다고 하지만 개인의 부귀영달 이외에 나라를 위한 정책이나 국민을 섬기는 헌신이나 정직과 겸손의 도의를 찾기 어렵다.

가족공동체는 자연적 욕망과 본능으로 이뤄지지만 나라 공동체는 이기적 동물의 본능을 극복하고 각기 다른 집단의 처지와 이해를 헤아려 합리적인 조정과 화해를 이룰 수 있는 법과 도덕을 찾아야 한다. 이처럼 나라 공동체를 통해서 서로 협력하고 번영할 수 있는 특징을 가진 인간을 아리스토텔레스는 정치적 동물이라 하였다. 인간은 금수의 성질을 벗어나서 언어와 이성의 논리로 서로 소통하고 화합하여 다양한 집단의 이해와 가치를 조정하고 화합할 수 있는 공화국을 만들 수 있다는 것이다. 그래서 도덕이 정치의 토양이다. 높은 도덕성으로 씨족을 넘어 국가 공동체를 이룰 수 있는 인간의 능력을 호모폴리티쿠스라고 한 것이다.

그런데 우리 정치인들은 거꾸로 정치를 동물적으로 하고 있다. 정치인만 되면 권좌를 위해 수단과 방법을 가리지 않기 때문이다. 이렇게 정치의 토대인 도덕이 무너지면 나라가 바로 될 수가 없다. 공자가 왕도정치를 부르짖는 이유도 왕의 도덕이 높아야 나라가 바로 서기 때문이다. 권력자에게 끊임없이 도덕을 요구하는 이유이다.

도덕이 없으면 나라의 지도자가 될 수 없다는 의식이 공자의 시대부터 수 천 년을 전해온 동양의 지혜인데 아직도 우리는 이것을 깨닫지 못하고 있다. 공자에게 노나라 대부인 계강자가 정치가 무엇이냐고 물었다. 공자는 자기를 바로잡는 것이 정치라 했다. 윗사람부터 바르게 살면 누가 부정을 저지르겠소? 군주가 올바른 정의의 덕으로 감화를 하면 바람 앞에 풀처럼 모든 백성은 저절로 승복할 것이 아니오?

[안연편 12-17]
季康子(계강자) 問政於孔子(문정어공자) 孔子對曰(공자대왈) 政者正也(정자정야) 子帥以正(자솔이정) 孰敢不正(숙감부정)
계강자가 공자에게 정치를 묻자 대답했다. 정치란 바로잡는 일이니 당신이 솔선하여 정의롭게 처신하면 누가 감히 부정하게 하겠소?

37

부화뇌동이냐 화이부동이냐

김진오

부화뇌동(附和雷同)이란 일정한 주관 없이 남과 같이 행동함을 의미한다. 현대판 부화뇌동이 주변에 흔하다. 누리소통망(SNS)을 통해 각종 정보가 공유되다 보니, 다양한 분야에서 남들을 따라 하는 경향이 있다. 소문난 관광지와 맛집에 사람이 몰리고, 특정 상품 구매가 활발해진다. 어찌 보면 주관이 없다고 할 수도 있다. 선거 때에는 여론조사 결과를 보고 지지할 후보를 정하는 사람도 있다고 한다.

우리나라 현대사에 몇 번의 중대한 정치적 변곡점에 군대 또는 군중이 있었다. 군대는 일사불란한 지휘 체계에 의해서 움직이지만, 군중은 그렇지 않다. 군중 안에는 확고한 주관을 갖고 있는 사람들이 있고, 선동에 의해 부화뇌동하는 사람들도 있다. 이들이 합쳐져서 역사의 물줄기 흐름을 바꾸기도 하였다. 필자가 대학생 때 참여한 군중 시위는 역사 물줄기를 바꾸지 못했는데, 당시에 잘 알지 못하여 선동 당했던 부분도 있었음을 훗날 깨닫게 되었다.

공자께서는 '주관'과 '이익'이 내포된 표현으로 화이부동(和而不同)과 동이불화(同而不和)를 말씀하셨다. '화이부동'이란 서로의 생각을 조절하여 화합을 이루지만 이익을 얻기 위하여 주관을 버리고 상대방에게 뇌동하지는 않는다는 의미이다. '동이불화'란 이익을 얻기 위하여 주관을 버리고 상대방에게 뇌동하지만 서로의 생각을 조절하여 화합을 이루지는 못한다는 의미이다.

외형적 일치(同)와 내면적 조화(和)의 차이라고 볼 수도 있다. 서로 다른 사람들이 모여 사는 사회에서 인성이란 주변 사람들과 함께 살아가는 능력이라고 한다. 뇌동이 아니라 화합이 필요하다. 합창단 또는 관현악단의 음악 소리가 아름답게 들리는 이유는 모든 소리가 같아서가 아니라 서로 다른 소리가 조화(harmony)를 통해 화합하기 때문이다.

[자로편 13-23]
子曰(자왈) 君子和而不同(군자화이부동) 小人同而不和(소인동이불화)
군자는 화합하지만 부화뇌동하지 않고, 소인은 부화뇌동하면서 화합하지 못한다.

38

"예" 할 것은 예, "아니오" 할 것은 아니오 하라

강철구

공자님이 말씀하시기를, 훌륭한 사람은 자기 수양을 통해 내면을 풍부하게 함으로써 언제나 태연할 수 있고, 소인배는 내면이 비었으면서도 밖으로 있는 체 교만에 차 있어 태연하지 못하다고 하였다. 내가 아무리 높은 지위를 얻고 명성을 얻었다 할지라도 겸손을 잃지 않고 교만하지 않아야 한다는 것이 공자의 가르침이다.

교만하지 않고 겸손하게 살라는 것은 너무 저자세로 삶에 임하라는 것이 아니다. 무조건 남에게 끌려다니거나 남의 요청에 항상 "예(Yes)"를 하라는 것이 아니다. 교만하지 않지만 자신이 옳다고 생각하는 바를 누구에게나 떳떳이 얘기할 수 있고, 나의 삶에 대한 남의 부당한 침범은 당당히 "아니요(No)"라고 말할 수 있어야 한다. 나를 보호하는 것은 나의 몫이기 때문이다.

자기 수양을 통해 내면을 풍부하게 하고 나의 가치관과 정체성을 확립하여, 내가 주인인 내 삶을 살되, 언제나 겸손하고 교만하지 않은 삶을 살아야 한다.

[자로편 13-26]

子曰(자왈) 君子泰而不驕(군자태이불교) 小人驕而不泰(소인교이불태)

군자는 태연하되 교만하지 않고, 소인은 교만하되 태연하지 못하다.

39

의로움인가 이로움인가

김진오

안중근 의사는 감옥에서 '견리사의(見利思義) 견위수명(見危授命)'이라는 휘호를 남겼다고 한다. "이익을 보면 대의를 먼저 생각하고, (나라가) 위태로움을 보면 목숨을 버릴 각오를 한다"는 뜻이다.

교수신문사에서 2023년말에 선정한 올해의 사자성어가 '견리망의(見利忘義)'였다. '이로움을 보자 의로움을 잊는다'라는 뜻이다. 논어의 공자 말씀 '견리사의(見利思義)'를 변형한 것이다. 당시 정치사회상을 대표적으로 표현한 말이다. 사회 전반에서 대의가 상실되고 이익 추구로 가치 상실의 시대가 되고 있다는 뼈아픈 지적이다.

의(義)를 행동으로 표현하는 사람을 의인(義人)으로 칭송한다. 불의(不義)에 저항하는 행동을 의거(義擧)라고 역사에 기록한다. 조선시대에 왜적의 침입에 백성들이 의병(義兵)으로 대항하였다.

의(義)가 좋은 것이라는 걸 사람들이 잘 알고 있다.

그러한 의로움이 종종 이로움에 묻힌다. 각자 평소에는 의로운 사람이지만 집단에서 이해관계에 얽힐 때에는 의로움 보다 이로움을 택하는 경우가 있다. 군자와 소인의 갈림길이다. 의롭지 않다면 결국 불의(不義)함이 된다. 공자께서 '견득사의(見得思義)' 하라고도 말씀하셨다. 즉, 이익(得)을 보면(見) 그것이 의(義)로운지 생각(思)해 보라는 것이다. 사필귀정(事必歸正)이 희망이다.

[헌문편 14-13]

子路問成人(자로문성인) 子曰(자왈) (…) 見利思義(견리사의) 見危授命(견위수명) 久要不忘平生之言(구요불망평생지언) 亦可以爲成人矣(역가이위성인의)

자로가 전인에 대해 묻자 공자께서 말씀하기를, (…) 이익을 보면 대의를 먼저 생각하고, 나라가 위태로움을 보면 목숨을 버릴 각오를 하고, 오래도록 지난 말씀을 잊지 않고 있는 사람이라면 역시 완전한 사람이라고 할 수 있을 것이다.

[이인편 4-16]

子曰(자왈) 君子喩於義(군자유어의) 小人喩於利(소인유어리)

군자는 의로움에 밝고, 소인은 이로움에 밝다.

[계씨편 16-10]

孔子曰(공자왈) 君子有九思(군자유구사) (…) 見得思義(견득사의)

군자는 아홉 가지를 마음에 새긴다. (…) 이익을 보면 그것이 의로운지 생각한다.

52주간의 마음산책

40

상대방을 탓하지 말라

강철구

    사회생활 중에 승진에서 탈락하거나 경쟁에서 질 경우 보통 남을 탓하기 쉽다. 나의 능력과 진가를 못 알아본다고 불평불만을 터뜨리기도 하고, 더 나아가 상대방이 부정한 방법으로 내 몫을 채갔다고 원망하기도 한다. 그러나 곰곰이 생각해보면 그 원인이 나에게 있을 수 있다. 나는 이 조직에서 필요한 능력을 발휘했는가, 자신의 능력계발을 위해 최선을 다했는가, 이 조직에서 어떤 기여를 하고 있는가를 깊이 반성해볼 필요가 있다. 이러한 반성이야말로 자신을 발전의 길로 인도할 진정한 안내자임을 명심해야 한다. 앞으로 나의 능력 배양을 위해 최선을 다한다면 반드시 기회는 또다시 찾아올 것이다.

    상대방이 알아주고 안 알아주고는 상대방에게 속하는 문제이지만, 나의 능력이 있고 없는 것은 나에게 속하는 문제이다. 그러니 상대방을 탓하지 말고, 나의 내면의 지식과 지혜를 넓혀 나의 능력을 기르는데 온 힘을 기울여야 한다.

이 사회는 생존경쟁의 현장이다. 생존경쟁을 두려워하거나 피할 수 없다. 생존경쟁은 자연의 존재원리이기 때문에 피하고 싶다고 피해지는 것이 아니다. 생존경쟁을 당연한 것으로 받아들이고, 본인이 할 수 있는 한 본인의 능력을 키워야 한다. 우리 생태계가 건강성을 유지하는 것은 이러한 생존경쟁의 진화과정에서 얻어진 것임을 명심할 필요가 있다.

공자는 재능과 능력 면에서 세상 누구에게도 뒤지지 않았지만, 자신의 모국인 노나라에서 요즘의 총리직에 해당하는 대사구(大司寇)로 있다가 부패한 정치세력에 의해 하루아침에 쫓겨나게 되었다. 하지만 공자는 남을 탓하지 않고 자신을 되돌아보는 삶을 살아서, 후세에 귀감이 되는 인물로 기억되고 있다.

[헌문편 14-32]
子曰(자왈) 不患人之不己知(불환인지불기지) 患其不能也(환기불능야)
다른 사람이 나를 알아주지 않는 것을 걱정하지 말고, 자신에게 그럴 만한 능력이 없는 것을 걱정하라.

41
믿어주되 속지 말라

심중식

인간관계에서 어질고 현명한 사람은 어떻게 행동할까? 공자는 순수한 마음으로 사람을 대하지만 또한 그 사람이 어떤 사람인지 알아챌 수 있는 지혜를 가지라고 한다. 다른 사람의 말을 들을 때 빈 마음, 순수한 마음으로 편견 없이 들으라는 것인데 이것이 어떻게 가능할까? 상대의 외모나 말투나 행동을 보고 즉시 어떤 느낌과 감정과 생각과 판단 등이 일어나기 마련이다. 그때 있는 그대로 보고 들으려면 상대에 대한 내 느낌이나 감정 생각 판단 등이 일어나는 것을 스스로 알아차리고 그것을 넘어 빈 마음이 되어야 한다. 그런 순수의 마음자리를 공자는 '공공여空空如'라 했다.

아무런 편견이나 선입견 없이 여여하게 들어주면서, 또 상대가 나에 대해 어떤 생각을 하고 있는지, 내 말을 신뢰하고 있는가 아니면 불신하고 있는가, 그런 판단도 내려놓고 대화를 하는 가운데, 혹 상대가 속이거나 불신하는 순간 그것을 알아챌 수 있어야 한다는 말이다. 예수님도 비둘기처럼 순수하고 뱀처럼 지혜롭게 살라(마태복음 10:16)고 했다.

우리 대부분은 순수한 면에서도 부족하고 지혜롭게 되기도 힘들다. 지극한 순수와 고도의 지혜, 이 두 가지를 겸비할 방법은 무엇일까? 그 길을 알기 위해서 성인의 글을 읽고 학문을 연구하는 것이 아닐까? 성인의 글을 읽다 보면 마음이 맑아지고, 또 학식을 늘리다 보면 그만큼 지혜가 늘어나는 것인데 이 두 가지를 다 갖춰야 현명하다는 것이다. 마음이 깨끗한 사람, 그리고 매사를 지혜롭게 처리하는 사람, 공자가 말하는 공부란 이처럼 깨끗하고 지혜로운 사람이 되기 위해서 노력하는 것인데 요새로 말하여 뛰어난 인격적 리더쉽 함양이라고 할까? 깊은 학문과 높은 덕성, 이 두 가지를 종합하고 겸비해야 현명하고 훌륭한 리더가 될 것이다.

[헌문편 14-33]

子曰(자왈) 不逆詐不億不信(불역사불억불신) 抑亦先覺者(억역선각자) 是賢乎(시현호)

상대방이 나를 속일까 지레짐작하지 않고, 또 나를 불신하는가 억측하지도 않지만, 도리어 먼저 깨닫는 것이 현명함 아닌가.

42

모든 인간 관계에서 필요한 공감

김윤영

    지금까지 살아오며 가장 어렵다고 느낀 것은 '타인의 마음이나 생각을 나의 마음이나 생각처럼 이해하고 배려하는 것', 즉 '공감'이다. 2500년 전 사람들 역시 이 점에서 크게 다르지 않았던 것 같다. 공자께서 우리가 평생 실천해야 할 한 가지로 '서(恕)'를 말씀하셨기 때문이다. '서(恕)'를 현대적으로 풀이하면 공감이라고 할 수 있으니, 그 시절에도 공감은 실천하기 어려워 평생 노력해야 하는 덕목으로 여겼던 것 같다.

    대학에서 학생을 가르쳐온 교수로서, 필자는 좋은 강의를 위해도 공감이 얼마나 중요한지를 느꼈다. 관련하여 필자의 경험을 나누어보고자 한다.

    필자가 젊은 나이에 조교수로 임명되었을 때, 학생들, 특히 박사과정 대학원생들과 나이 차이가 크지 않았다. 그래서인지 '내가 어리다고 학생들이 나를 무시하지 않을까?' 하는 불안감이 있었던 것 같다. 그 결과, 학생들이 이해하기 어려운 매우 복잡한 내용도 강의에 포함시켰다. 학생들에게 필요한 내용을 쉽게 이해시키려는 고민보다는, 어려운 내용을 가르침으로써 나의 권위를 세우려는 마음이 앞섰던 것 같다.

하지만 시간이 흐르면서 필자의 강의 방식도 많이 바뀌었다. 교수자의 관점이 아니라, 수강생의 관점에서 강의를 준비하고 학생들의 눈높이에 최대한 맞추려고 했다. 어려운 내용을 반드시 가르쳐야 한다면, 어떻게 하면 이해하기 쉬울지를 고민하고. 반대로, 학생들이 배울 준비가 안 되었다고 판단되는 내용은 때로는 과감하게 강의 내용에서 제외하였다.

사실 나와 다른 남의 입장에서 생각하고 느끼는 것은 매우 어렵다. 그래서 공감하려면 진정성과 꾸준한 노력이 필요하다. 오늘 당장 내 가족이나 친구처럼 가장 가까운 사람과 공감하려는 노력을 해보자 - 왜 그들이 나에 대해 불편해하는지, 화를 내는지를. 공감하려는 진지한 노력이야말로 그들과 더 좋은 관계를 만들 수 있는 매우 중요한 밑거름이기 때문이다.

[위령공편 15-23]
子貢問曰(자공문왈) 有一言而可以終身行之者乎(유일언이가이종신행지자호)
子曰(자왈) 其恕乎(기서호) 己所不欲 勿施於人(기소불욕 물시어인)
자공이 묻기를, 평생토록 실천할 한 말씀이 있습니까? 공자께서 말씀하기를, 아마도 서(恕) 아니겠나? 자신이 하고 싶지 않은 일을 남에게 시키지 않는 것이다.

43

무엇이 옳고 그른지 본인의 눈으로 확인하라

강철구

사람은 자신의 정체성을 가지고 살아야 한다. 남에게 휩쓸리지 않고 본인의 눈으로 사물을 판단하며 살아야 한다. 많은 사람이 나쁘게 말하더라도 정말 그런지 본인의 눈으로 확인하고 판단하여야 하며, 많은 사람이 좋게 말하더라도 정말 그런지 본인의 눈으로 확인하고 판단하여야 한다.

많은 사람의 의견이라고 반드시 옳은 것은 아니다. 고대 그리스 시대에도 중우(衆愚)정치라는 말이 있지 않았던가! 갈릴레오 시대에, 많은 사람들은 땅이 정지해 있고 하늘이 돈다고 생각하였지만 그것은 옳은 것이 아니지 않았던가! 오늘날에는 인터넷과 매스컴의 발달로 거짓 정보가 여론을 형성하는 경우가 많으니, 더욱 무엇이 옳고 그른지 본인의 눈으로 확인하고 판단하여야 바르게 잘 살아갈 수 있다.

특히 부동산 거래와 같이 내 삶에 지대한 영향을 미칠 수 있는 결정을 할 때에는 남의 말만 믿을 것이 아니라 내가 직접 현장을 방문하여 내 눈으로 확인해 보고 내 스스로 판단해야 낭패를 면할 수 있다.

어떤 낯선 사람이 자신을 뜬금없이 칭찬한다면 당장 듣기에는 좋지만, 그 사람이 어떤 목적으로 그러는지 스스로 이면을 살펴보아야 한다. 나를 속여 본인의 이득을 취하려는 것은 아닌지 살펴야 스스로 바보가 되는 것을 피할 수 있다.

[위령공편 15-27]

子曰(자왈) **衆惡之**(중오지) **必察焉**(필찰언) **衆好之**(중호지) **必察焉** (필찰언)

모두가 그를 나쁘게 말하더라도 반드시 자신의 눈으로 확인하고, 모두가 좋게 말하더라도 반드시 자신의 눈으로 확인하라.

44

유익한 벗과 해로운 벗

김진오

〈친구〉라는 제목의 영화가 2001년에 개봉하여 흥행에 성공하였다. 제목의 뉘앙스와 달리 내용은 매우 폭력적이지만, 의리와 우정과 갈등을 잘 다루었다는 평이 있다. 어린 시절부터 친했던 4명이 고등학교를 거쳐 성인이 된 후 각자 달라진 인생에서 다시 만나 생긴 이야기이다. 이들이 서로에게 유익한 벗인지 해로운 벗인지 생각해 볼 여지가 있다.

공자께서는 "정직한 벗, 선량한 벗, 박식한 벗은 유익하다"고 하셨다. 반면에 "간사한 벗, 줏대없는 벗, 말만 그럴듯하게 하는 벗은 해롭다"고 하셨다. 증자는 매일 여러 번 자기 반성을 하는 세 가지 중 하나가 "친구와 사귀면서 무책임(불신)한 말을 하지는 않았는지?"였다고 한다.

학이편 1-8과 자한편 9-24에 표현된 '무우불여기자(無友不如己者)'의 뜻 풀이에 논란이 있다. '자기보다 못한 사람을 벗으로 삼지 말라'고 해석하는 사람이 있는가 하면, '자기 같지 않은 벗이 없다'고 해석하는 사람도 있다. 후자의 해석에 마음이 끌린다.

벗과 관련된 문장의 압권이 논어 처음(학이편 1-1 둘째 문장)에 나온다. 유붕자원방래(有朋自遠方來) 불역낙호(不亦樂乎), 즉 "뜻이 같은 벗이 스스로 멀리서 찾아오니, 참으로 즐겁지 아니한가?" 진리로부터 얻은 기쁨을 친구들과 함께 나누는 것 또한 즐거움이다. 친구들과 함께 진리의 향연을 베푸는 즐거움이 행복한 인생의 비결이다. 그래서 일생 학문을 하며 살아온 노교수들이 정년을 앞두고 고전을 배우기 시작하여 즐겁게 살자고 만든 모임이 필자들의 '여붕與朋(벗과 함께)'이다.

[계씨편 16-4]
孔子曰(공자왈) 益者三友 損者三友(익자삼우 손자삼우) 友直 友諒 友多聞 益矣(우직 우량 우다문 익의) 友便辟 友善柔 友便佞 損矣(우편벽 우선유 우편녕 손의)
유익한 벗이 세 부류이고, 해로운 벗이 세 부류이다. 정직한 사람, 선량한 사람, 박식한 사람을 벗하면 유익하다. 간사한 사람, 줏대 없는 사람, 말만 그럴듯하게 하는 사람을 벗하면 해롭다.

[학이편 1-4]
曾子曰(증자왈) (…) 與朋友交而不信乎(여붕우교이불신호)
증자가 말하기를, (…) 친구와 사귀면서 불신한 적은 없는가?

45

자기 상실 시대를 극복하는 길

심중식

왜 우리가 모두 군자의 길을 가야 할까? 플라톤이 이상국가를 생각하면서 높은 도덕과 지혜를 가진 철인의 나라를 상상했듯이 도덕이 지배하는 사회, 인격적 지도자가 이끄는 사회라야 모두가 행복하기 때문이다. 인격적 지도자라는 높은 산이 나타나려면 히말라야처럼 그 주위에 수많은 큰 산들이 솟아 있어야 한다. 그래서 모두가 높은 인격이 되기 위해서 노력하는 사회가 되어야 정말 군자 같은 좋은 지도자들이 나오고 또 그만큼 우리 사회는 행복해질 것이다.

군자와 소인은 고대 신분제 사회의 용어였는데 점차 도덕적 의미로 변하게 되어 학문과 도덕성을 기준으로 군자와 소인을 구별하게 되었다. 성인의 학문과 품성을 계발하여 높은 도덕을 갖추게 되면 대인이요 군자가 되지만 그렇지 못하면 소인이라 하였다.

군자가 되려면 천명과 대인과 성인의 말씀을 경외하라고 한다.

천명을 깨닫고 도를 닦아서 인격과 학식이 높은 사람이 성인이요 대인이요 군자다. 그러니까 군자가 추구하며 바라는 것은 천명을 아는 일이요, 대인을 만나서 배우고 그의 말씀을 따르는 일이다. 그래서 천명을 경외하고 대인을 경외하고 성인의 말씀을 경외하라고 하였다. 그런데 소인은 천명을 모르기 때문에 성인을 무시하고 성인의 말씀도 도외시한다는 것이다.

현대는 모두가 평등함을 강조한다. 인간의 존엄성은 누구나 같다는 것이다. 그렇지만 그 존엄성이 무엇인지 깨닫고 사는 사람이 얼마나 될까. 천명이란 그 존엄성을 깨닫는 일이기에 천명을 경외함이 곧 자기 인격을 존중하는 일이다. 자기의 인격이 존엄함을 아는 자가 타인의 인격도 존중할 수 있다. 그런데 천명도 모르고 인격도 모르고 성인을 무시하면 자기 상실이요 인간성의 상실이다. 천하를 얻고도 자기를 상실하면 무엇이 유익하며 어떻게 행복하겠는가?

[계씨편 16-8]
孔子曰(공자왈) 君子有三畏(군자유삼외) 畏天命畏大人畏聖人之言(외천명외대인외성인지언) 小人不知天命而不畏(소인부지천명이불외) 狎大人 侮聖人之言(압대인 모성인지언)
군자가 두려워하는 세 가지가 있다. 천명과 대인과 성인의 말씀을 두려워한다. 그런데 소인들은 천명을 모르기 때문에 두려워할 줄 모르고, 대인을 무시하고 성인의 말씀을 업신여기며 산다.

46
닥칠 어려움에 잘 대응하려면 미리 문제를 파악하고 준비하라

김윤영

결혼한 지 어느덧 40여년이 가까이 되었다. 돌이켜보면, 결혼 당시 막연히 좋은 배우자를 만나고 싶다는 생각은 했지만, 내가 어떻게 하면 좋은 남편이 될 수 있을지, 또 어떻게 화목한 가정을 만들 수 있을지에 대해 깊이 고민하지는 않았던 것 같다. 결혼 생활에서 부모님의 어떤 점은 본받고 어떤 점은 본받지 말아야겠다는 정도의 생각이 전부였고, 그 외에 별도로 책을 읽거나 다른 방법으로 공부한 적은 없었다.

결혼 후 큰 어려움 없이 지내고 있지만, 그때 더 깊이 생각하고 준비했더라면 좋았겠다는 아쉬움이 있다. 나이가 들어서야 '좋은 남편 되기', '좋은 부모 되기'에 대해 배우지 않았다는 사실을 깨닫고, 이후 여러 책을 통해 배우기 시작했다. 그러나 결혼 전이나 결혼 초기부터 이러한 것들을 미리 배워두었더라면 더 좋았을 것이라는 생각이 든다. 요즘에는 "예비 부부학교," "아버지 학교," "비

폭력 부부 대화 교실" 등 결혼 전이나 자녀를 갖기 전에 좋은 배우자와 부모가 되기 위한 다양한 프로그램이 있어 다행이다. 또 이런 배움에 관심을 가지는 사람들이 점점 늘고 있는 것도 고무적이다.

우리 삶에는 처음 겪는 일들이 끊임없이 나타난다. 예측할 수 없는 일도 많지만, 세월이 흐르면 내가 어떤 상황에 놓일지를 어느 정도 예측할 수 있는 일도 적지 않다. 그로 인해 내가 어떤 어려움을 겪을지도 미리 짐작할 수 있다.

공자의 아래 말씀에서 그의 진정한 의도는 어려운 상황이 예상되거나 실제로 닥쳤을 때 배우려 하지 않는 어리석음을 지적하는 데 있다고 생각한다. 우리에게 불가피하게 다가올 일들을 미리 생각하고 잘 준비한다면, 현명하게 대처할 수 있을 것이다. 이 글을 쓰면서, 언젠가 나에게도 다가올 죽음에 대해서도 미리 생각하고 준비해야겠다는 생각을 하게 된다.

[계씨편 16-9]

孔子曰(공자왈) 生而知之者(생이지지자) 上也(상야) 學而知之者(학이지지자) 次也(차야) 困而學之(곤이학지) 又其次也(우기차야) 困而不學(곤이불학) 民斯爲下矣(민사위하의)

태어나면서 아는 자는 최고요, 배워서 아는 자는 다음이다. 어려움을 만나서 배우는 자는 그 다음이고, 어려움을 만나서도 배우지 않은 자는 최하다.

47

배움을 좋아하지 않으면

김진오

인간이 다른 동물들과 다른 점들 중 하나는 장기간 부모의 보살핌과 교육을 필요로 한다는 것이다. 그러한 과정이 있기에 인류는 지식 축적과 문명 발달을 이루어 올 수 있었다. 만약 인간이 보육과 교육 과정을 생략하고 태어나자마자 자립한다면, 동물과 같이 본능에 의존하여 살게 될 것이다.

교육 과정에서 배우기(學)가 핵심인데, 이에 대해서 사람에 따라 호(好) 불호(不)가 다르다. 배우기를 좋아함(好學)에 관해 논어 여러 곳에서 언급되었다.(1-14, 5-14, 7-2, 8-17, 16-9, 19-5) 이들은 공통적으로 배움을 장려하는 의미이다. 한편, 위정편 2-15에서는 '사이불학즉태(思而不學則殆)'라고 표현되어 있다. 즉, "생각하기만 하고 배우지 않으면 위태롭다."

인(仁), 지(知), 신(信), 직(直), 용(勇), 강(剛)을 좋아하지만 배우기를 좋아하지 않으면(不好學) 또는 배우지 않으면 초래되는 폐단 여섯 가지를 공자께서 요약해 놓으신 표현이 양화편 17-8에 있다. 태백편 8-2에는 예(禮)를 모르면 초래되는 폐단 네 가지가 소개되어 있다. 즉, 공경이 헛수고로, 신중이 당황으로, 용기가 난폭으로, 정직이 각박으로 바뀐다. 그 당시에는 배움의 대상이 예(禮)와 악(樂)이었음을 감안하면, 배우지 않을 때 초래되는 폐단에 해당한다.

[양화편 17-8]

子曰(자왈) (…) 好仁不好學 其蔽也愚(호인불호학 기폐야우) 好知不好學 其蔽也蕩(호지불호학 기폐야탕) 好信不好學 其蔽也賊(호신불호학 기폐야적) 好直不好學 其蔽也絞(호직불호학 기폐야교) 好勇不好學 其蔽也亂(호용불호학 기폐야난) 好剛不好學 其蔽也狂(호강불호학 기폐야광)

① 인덕을 좋아하면서 배우기를 좋아하지 않으면, 그 폐단은 쉽게 우롱당하는 것이고, ② 지혜를 존중해도 배우기를 좋아하지 않으면, 그 폐단은 나대게 되는 것이고, ③ 신의를 존중해도 배우기를 좋아하지 않으면, 그 폐단은 (남에게 쉽게 이용당해) 마음에 상처를 입게 되는 것이고, ④ 정직하기만 하고 배우기를 좋아하지 않으면, 그 폐단은 각박해지는 것이고, ⑤ 용감하기만 하고 배우기를 좋아하지 않으면, 그 폐단은 주위에 폐를 끼치는 것이고, ⑥ 굳세기만 하고 배우기를 좋아하지 않으면, 그 폐단은 무모해지는 것이다.

48
중요한 결정은 남 얘기 믿지 말고 스스로
확인한다

김윤영

1997~1998년 사이에 좋지 않은 기억이 있다. 남들에게 이야기하지는 않았지만, 스스로 확인하지 않은 정보를 믿고 행동했다가 큰 낭패를 본 경험이다.

1997년은 우리나라가 외환 부족으로 IMF 사태를 맞이한 해였다. 그보다 앞선 1996년, 어느 날 은행 직원의 권유로 A펀드에 가입했다. 그 펀드는 안전하면서도 수익률이 좋다는 설명이 매력적이었다. 1997년 여름, 나는 1년간 해외에서 연구년을 보내기로 되어 있었기에 출국 한 달 전쯤 펀드를 가입한 은행을 방문했다. 만기가 남아 있었지만 해외에 있는 동안 펀드가 안전할지 걱정이 되었다. 그때 담당 직원은 "어떤 상황에서도 안전하니 걱정할 필요 없다"고 안심시켰고, 나는 그 말만 믿고 미국으로 떠났다.

1년 후 귀국해 확인해 보니, 펀드에 있던 자금은 원금의 절반도 남아 있지 않았다. 나를 안심시켰던 직원은 이미 떠난 뒤였고, 항의할 곳도 마땅히 없었다. 사실, 직원의 이름조차 정확히 기억하지 못했고, 상담 기록도 남아 있지 않았다. 결국, 남의 말을 그대로 믿고 스스로 확인하지 않은 내 실수가 화를 부른 것이었다. 이 경험을 통해 나는 큰 교훈을 얻었다.

권위 있고 믿을 만한 사람의 말이라도 그 말만 믿고 중요한 결정을 내리지는 않았다. 반드시 정보의 진위를 직접 확인했다. 공식 문서를 통해 사실 여부를 확인하거나, 최소한 담당자로부터 이메일 등 근거를 확보하는 습관을 들였다. 요즘도 작은 실수는 저지르지만, 중요한 일에서는 그때의 경험을 되살려 다각도로 확인하는 습관 덕분에 큰 실수를 피할 수 있게 되었다.

[양화편 17-14]
子曰(자왈) 道聽而塗(塗)說(도청이도설) 德之棄也(덕지기야)
길에서 듣고 길에서 말하면 덕(德)을 버리는 일이다.
(길에서 들은 이야기를 확인하거나 판단해 보지도 않고, 자신의 말인 양 여기저기 떠벌리는 것은 덕스럽지 못한 것이다.)

49

맡은 바를 묵묵히 실천하고
진정으로 행동하는 사람은 믿을 수 있다

강철구

자기의 유익을 구하기 위해서 남의 환심을 사려고 아첨하는 교묘한 말을 교언(巧言)이라 한다. 또 아첨하는 말을 하면서 거짓으로 얼굴빛을 꾸미는 것을 영색(令色)이라 한다. 그렇게 말을 꾸미는 교언과, 얼굴빛을 꾸미는 영색으로 남의 환심을 사려는 사람을 진실하다고 볼 수 없다.

진정성 없이 말만 번지르르하게 하고 갖은 표정으로 아부하는 사람은 어진 사람이 아닐 수 있으니 경계해야 한다. 호탕하게 말 잘한다고 그 사람이 좋은 사람이라고 단정할 수 없다. 멋진 말로 호감을 사는 사람일지라도 그 말의 알맹이가 있는지 진정성은 있는지를 살펴보아야 한다. 말 잘하고 표정관리 잘하는 사람의 이면은 다를 수 있으니 조심해야 한다. 그 이면에 나를 속여 본인의 이득을 취하려는 것은 아닌지 생각해 보아야 한다.

말은 비록 어눌할지라도 그저 본인의 맡은 바를 묵묵히 성실히 실천하고, 밖으로 보이기 위해서가 아니라 진정으로 행동하는 사람은 믿을 수 있다. 그런 사람은 종종 나의 급한 기대를 못 맞출 수 있지만 그런 사람이 나에게 이롭고 좋은 사람이다.

[양화편 17-17, 학이편 1-3]
子曰(자왈) 巧言令色(교언영색) 鮮矣仁(선의인)
그럴 듯하게 꾸며 말하고, 보기 좋게 표정을 꾸미는 사람들 중에는 어진 사람이 드물다.

50

가까운 사람의 단점을 지적하기 전에
그 사람 장점 열 가지를 먼저 생각하자

김윤영

가까운 사람들과 오래 교류하다 보면 상대방 단점도 보인다. 때로는 그 사람의 단점에 화를 낼 수도 있다. 그 단점에 화를 내기보다는 먼저 내가 그 사람의 장점을 제대로 알고 있는지를 자문해보아야 한다. 그 사람의 많은 장점을 알고 있으면, 단점에 덜 화를 내서 내가 편해질 수 있다. 세상에 완벽한 사람은 없으니.

사실 제일 가까운 부모, 배우자, 자녀, 친구 등 오랜 시간 가까이 지낸 사람일수록 그들의 좋은 점을 당연하게 여기게 되는 것 같다. 아무리 가까운 관계라도 항상 그 사람의 좋은 점과 고마운 점을 알고 있어야 그 사람의 단점에 더 포용적이 될 것이다.

얼마 전 방송에서 "가까운 사람의 좋은 점을 떠올리고 실제로 적어보라"는 이야기를 들었다. 그래서 나도 한 번 그렇게 해 보았다. 가장 가까운 사람의 좋은 점을 구체적으로 열 가지를 적어 보니, 그 사람이 얼마나 좋은 사람인지를 알게 되었고 또 그런 사람

52주간의 마음산책

110

과 가까이 지낼 수 있는 것도 정말 감사할 일이라는 것을 깨닫게 되었다.

지금 당장 나와 가까운 주변 사람들의 좋은 점 열 가지를 적어 보자. 열 가지가 힘들면 다섯 가지도 좋다. 가장 가까운 사람부터 시작해보자. 글로 적어보면 그들이 충분히 좋은 사람이라는 사실을 깨닫게 될 것이다. 지금 내 곁에 이렇게 좋은 사람이 있다는 사실에 먼저 감사하자, 그 사람의 단점을 지적하기 전에.

[미자편 18-10]
周公(주공) **謂魯公曰**(위로공왈) **君子**(군자) (…) **無求備於一人**(무구비어일인)
주공이 노공에게 말하기를, 군자는 (…) 한 사람에게 모든 것을 갖출 것을 요구하지 말아야 한다.

51

글로벌 시대의 인재상 세 가지

김진오

요즘 대학생들은 대개 입학 때부터 취직에 관심이 크다. 취직을 하기 위해서 거치는 관문 중 하나가 면접시험인데, 면접에서 치명적인 실수는 동문서답이다. 질문자의 의도를 정확히 파악하려면 질문자의 입장이 되어 보는 연습을 하는 게 도움이 된다. 평소에 질문하는 습관을 가지면 된다.

글로벌 시대 특히 AI 시대의 인재에게 필요한 능력으로 전문성, 창의성, 인성을 꼽는다. 배움(學)으로써 전문성을 깊게 하고, 생각함(思)으로써 창의성을 키우며, 질문(問)을 포함하는 대화를 통해 인성을 갖출 수 있다. 현대의 인재가 되기 위한 학(學), 문(問), 사(思)가 인덕을 갖추기 위해 옛 성현이 추천하는 방법과 공통점이 있다. 또한 "어리석은 사람은 현명한 사람에게서 아무것도 배우지 못하지만, 현명한 사람은 어리석은 사람에게서도 뭔가를 배운다"는 말처럼, 누구에게든지 질문하는 성향이 있으면 넓게 배우는 데에 도움이 될 것이다.

　일본 도요타자동차회사가 세계적인 일류 기업이 된 밑바탕에는 철저히 생각하고 철저히 대화하며 지속적인 개선(改善, 소위 가이젠)을 하는 회사 철학이 있다고 한다. 예전부터 해오던 일이라도 비판적으로 생각(思)하며 때때로 의문(問)을 제기하는 방식으로 실행되는 것이다.

　영어에 'Sleep on it'이라는 말이 있다. 해결해야 하는 문제가 있을 때 잠자리에 누워서 곰곰이 생각한다는 의미이다. 필자는 박사과정 시절에 이 방법을 종종 사용하여 효과를 보았다. 그냥 잠들어버린 경우가 많기는 하지만, 간혹 좋은 아이디어가 떠올라서 문제 해결을 하였다. 교수로서 연구생활을 하면서도 이 방법을 유지하여, 발명 특허와 연구 논문을 성취하기도 하였다. 지금도 생각하는 시간을 가지며, 잠자리 옆에 메모지와 필기도구를 준비해 놓고 있다.

[자장편 19-6]

子夏曰(자하왈) 博學而篤志(박학이독지) 切問而近思(절문이근사) 仁在其中矣(인재기중의)

자하가 말하기를, 배움을 넓게 하고 뜻을 도탑게 하라. 묻기를 간절히 하고 비근한 것부터 사색하라. 그러면 인덕은 그 가운데에 있다.

52

본래의 나를 찾아 기쁘게 살자

심중식

공자는 진정한 자기를 찾는 길을 셋으로 말한다. 천명을 경외하고 대인을 경외하고 성인의 말씀을 경외하라 했다. 대인을 공경하는 마음이 예(禮)의 근본이기 때문에 때로는 예를 알아야 한다고 했다.

논어의 첫머리에서도 셋을 말했다. 학습의 기쁨, 벗을 사귀는 공동체의 즐거움, 그리고 세상이 몰라줘도 하늘과 같이 가는 길이다. 첫머리 내용이나 맨 마지막 말씀이나 표현은 조금 다르지만 같은 뜻이다. 첫째는 학습의 기쁨, 곧 진리를 배우고 실천하면서 얻는 법열의 기쁨이다. 둘째는 친구들과 어울리며 얻는 사회적 활동의 즐거움이다. 마지막은 세상을 초월하는 삶의 평안이다.

군자나 성인이 된다는 뜻은 이처럼 나 자신이 무엇인지 알고, 나답게 사는 길을 알아서 본래의 나 자신이 되어 살자는 것이지 별것이 아니다. 내가 본래의 인간, 즉 나 자신의 완성이지, 위대한 인물이나 유명인사가 되자는 것이 아니다. 하늘이 부여한 본래의 모습을 회복하여 당당하고 자유로운 모습으로 깨끗하게 사는 사람이 성인이다. 모두가 이렇게 자기 자신으로서 행복하고 자유롭게 사는 성인들의 세상이 되면 얼마나 좋을까. 그렇게 되려면 천명을 알고, 예를 알고, 말씀을 알아야 한다는 것이다.

이런 공자의 말을 현대적으로 생각하면 우주관과 세계관과 인생관을 가지고 자신의 삶에 책임을 지는 자유인이 되자는 것이다. 천명을 알아야 우주관을 가지게 된다. 또 이상적 사회공동체가 되려면 예법이라는 사회적 윤리와 도덕의 법칙을 세워야 한다. 그리고 인생을 알려면 역사와 전통으로 이어온 성인의 경전과 학문을 배워야 한다. 스승을 통해 이런 세 가지를 붙잡지 않고는 나 자신이 무엇인지, 무엇을 해야 할지 알 수가 없다. 자기 자신과 자기의 사명을 알지 못하고서 어떻게 진리와 자유와 생명의 기쁨을 얻겠는가. 그러니 우리 모두 이 셋을 붙잡고 진리의 기쁨 속에서 도를 즐기며 아름답게 어울려 살아가는 삶 속에서 행복을 얻자는 말이다.

[요왈편 20-3]
子曰(자왈) 不知命無以爲君子也(부지명무이위군자야) 不知禮無以立也(부지례무이립야) 不知言無以知人也(부지언무이지인야)
천명을 깨닫지 못하면 군자가 될 수 없고, 예를 모르면 바르게 처신할 수 없고, 말씀을 알지 못하면 인생을 알 수 없다.

후
기

* * * * *

　지난 몇 년간 옛 친구들과 함께 논어를 공부하며 즐겁고 의미 있는 시간을 보냈다. 노년에 접어들어 그간의 인생 경험을 나누고 앞으로의 삶을 함께 고민하는 소중한 시간이었다.

　한 친구의 제안으로, 공자 시대의 논어 이야기를 우리의 경험에 비추어 현대적으로 해석하고 후학들에게 도움이 될 글로 정리해 보자는 뜻을 모았다. 현대의 특징인 과학기술 분야에서 평생을 보낸 공학자로서, 논어를 통해 느낀 삶의 지혜를 모아보자는 것이었다.

　2500여년 전의 이야기이지만, 논어는 삶의 지혜를 찾는 우리에게 여전히 울림이 크다. 그 울림을 독자들과 나누고 싶다.

- 강철구

* * * * *

　은퇴를 앞둔 시점에 친구들과 함께 논어 공부를 시작할 수 있었던 것은 내게 큰 행운이었다. 이 책은 평생 배우며 살겠다는 나의 다짐을 실천한, 은퇴 이후 첫 번째 결실이라 할 수 있다. 특히, 공부 모임에 함께한 친구 평산(심중식)이 모임을 훌륭히 이끌어 준 덕분에 많은 것을 배우고 이 결실을 맺을 수 있었다. 또한, 논어 공부에 참여했던 다른 친구들과의 열띤 토론은 나의 공부에 큰 자양분이 되었다.

　유교문화 중 지양되어야 할 부분이 분명 있지만, 논어에는 나를 수양하는데 도움이 되는 좋은 구절이 많다. 이번에 논어를 친구들과 함께 공부하면서 마음 깊이 와닿았던 그런 구절들은 자녀와 제자들에게 꼭 전해주고 싶었다. 그런 구절과 관련된 나의 경험과 생각을 이렇게 글로 정리할 수 있게 되어 감사하며, 이 글들이 그들에게 조금이라도 도움이 되기를 바란다.

- 김윤영

♦ ♦ ♦ ♦ ♦

인생에 터닝 포인트가 몇 번 있다고 한다. 2021년 9월에 있었던 첫 모임도 그 중 하나다. 각 편당 30장 내외인 논어 20편을 거의 매월 한 편씩 학습하고, 4명이 차례대로 담당하여 뜻풀이를 발표하는 방식으로 2년간 진행하였다. "몇 사람이 함께 일을 하면 그 중에는 반드시 본받을 만한 사람이 있다(三人行 必有我師焉)"고 하는데, 나에게는 함께한 세 명 모두가 스승처럼 느껴졌다.

정년퇴임을 몇 년 앞두고 있을 때, 퇴임 후 생활에 대비하여 미리 착수한 활동들이 있었다. 하고 보니 좀 더 일찍 시작했더라면 더 좋았겠다는 생각이 들었고 이제라도 하고 있으니 다행이라는 생각도 들었는데, 논어 읽기가 그 중 하나이다. 인생 후배들에게 자신있게 강추한다. 옳고 그름, 좋고 나쁨이 명확하게 구분되는 것에 익숙한 이공계 전공자로서 논어의 명쾌한 문장들이 이해를 도와주었다. 가령 "군자는 이렇고 소인은 저렇다"라든가, "A를 하고 B를 하지 않으면 C가 되고, B를 하고 A를 하지 않으면 D가 된다"와 같은 대비적 문장

52주간의 마음산책

들이 종종 등장한다.

논어(論語)란 '말씀(語)을 말하다(論)'인데, 특히 '지혜의 말씀을 말하다'라는 뜻이다. 21세기에도 통하는 주옥같은 '지혜의 말씀'을 많은 사람들과 함께 나누고 싶어 마음이 급해진다. "날이 가고 달이 가서 세월은 사람을 기다려주지 않는다. (日月逝矣 歲不我與)".

어느 인생 선배께서 이런 말을 남겨주셨다. "일생 해 온 공부의 단계를 놓고 보면, 일흔 넘은 나이에 시작한 공부가 제일 재미있었다." 지금도 재미있는데, 더 재미있는 때가 올 거라니 기대가 크다.

– 김진오

♦ ♦ ♦ ♦ ♦

　　여붕與朋, 뜻과 지향을 공유한 친구들과 함께 글을 읽고 생
각을 나누며 서로 배우고 성장하는 열락(悅樂)의 경험을 책
으로 펴내는 보람이라니...

　　작지만 생기 충만한 풀꽃같은 이런 모임이 방방곡곡에 피
어나 이 땅이 봄 향기로 가득하기를...

　　　　　　　　　　　　　　　　　　　　　- 평산 심중식

52주간의 마음산책

부록 ◆ 논어 요절 읽기

교우(交友)

學而篇 1-1 유붕자원방래(有朋自遠方來) 불역락호(不亦樂乎)

나와 뜻을 같이 하는 사람이 먼 곳에서 찾아와 주니 참으로 즐겁지 아니한가?

公冶長篇 5-16 선여인교(善與人交) 구이경지(久而敬之)

남들과 잘 사귀려면 오래도록 변함없이 그들을 존중하라.

子罕篇 9-24 무우불여기자(無友不如己者) (= 學而篇 1-8)

자기 같지 않은 친구란 없다. (친구는 자기와 같은 사람들이다.)

顏淵篇 12-23 충곡이선도지(忠告而善道之) 불가즉지(不可則止)

무자욕언(毋自辱焉)

충심으로 그에게 권고하여 좋은 방향으로 인도하되, 불가능하면 그만 둔다. 그만두지 않고 계속하면 모욕을 자초하게 된다.

顏淵篇 12-24 이문회우(以文會友) 이우보인(以友輔仁)

문장과 학술로써 벗을 모으고, 벗을 통해 인의 길로 나아간다.

衛靈公篇 15-7 지자불실인 역불실언(知者不失人 亦不失言)
지혜로운 사람은 사람을 잃지 않으며, 또한 실언하지도 않는다.

衛靈公篇 15-21 긍이부쟁(矜而不爭) 군이부당(君而不黨)
자존심을 지키면서도 서로 배척하지 않고, 공동으로 일을 하면서 파벌을 형성하지 않는다.

季氏篇 16-4 익자삼우(益者三友) 우직 우량 우다문 익의(友直 友諒 友多聞 益矣)
유익한 벗에 세 부류가 있다. 정직한 사람, 진실한 사람, 박식한 사람을 벗하면 유익하다.
손자삼우(損者三友) 우편벽 우선유 우편녕 손의(友便辟 友善柔 友便佞 損矣)
해로운 벗에 세 부류가 있다. 간사한 사람, 면전에서 부드러운 사람, 말만 그럴듯하게 잘하는 사람을 벗하면 해롭다.

季氏篇 16-5 익자삼요(益者三樂) 요절예악 요도인지선 요다현우(樂節禮樂 樂道人之善 樂多賢友)
유익한 애호에 세 종류가 있다. 예악을 통한 절제를 좋아하고, 타인의 장점을 말하기를 좋아하고, 현명한 벗을 많이 사귀는 것을 좋아하는 것.

손자삼요(損者三樂) 요교락 요일유 요연악(樂驕樂 樂佚遊 樂宴樂)

해로운 애호에 세 종류가 있다. 사치스런 향락에 빠지고, 빈둥
거리며 노는 것을 좋아하고, 질탕한 술자리를 좋아하는 것.

인자(仁慈)

學而篇 1-1 인부지이불온(人不知而不慍) 불역군자호(不亦君子乎)

남들이 나를 알아주지 않아도 울분을 품지 않는다면 참으로 바람직한 인간이 아니겠는가?

里仁篇 4-1 이인위미(里仁爲美)

인심 좋은 마을에 사는 것이 최고다.

里仁篇 4-2 인자안인(仁者安仁) 지자리인(知者利仁)

어진 사람은 인(仁)을 편안히 여기고, 지혜로운 사람은 인을 이롭게 여긴다.

里仁篇 4-3 유인자 능호인 능오인(惟仁者 能好人 能惡人)

오직 어진 사람만이 좋아해야 할 사람을 좋아하고 미워해야 할 사람을 미워할 수 있다.

公冶長篇 5-4 인이불녕(仁而不佞)

인덕을 갖추고 있지만 말재주가 없다.

雍也篇 6-21 지자요수(知者樂水) 인자요산(仁者樂山)

"지자는 물을 좋아하고 인자는 산을 좋아한다"는 말이 있다.

지자동 인자정(知者動 仁者靜) 지자락 인자수(知者樂 仁者壽)

지자는 움직이는 것을 좋아하고, 인자는 정적인 것을 좋아한다.
지자는 삶을 즐기고, 인자는 천수를 누린다.

述而篇 7-37 위이불맹(威而不猛)

위엄이 있으면서 사납지 않다.

泰伯篇 8-5 범이불교(犯而不校)

시비를 걸어와도 따지지 않는다.

子罕篇 9-4 무의 무필 무고 무아(毋意 毋必 毋固 毋我)

마음대로 결정하지 않고, 틀림없이 그렇다고 단언하지 않고,
완고하지 않고, 아집에 빠지지 않는다.

子罕篇 9-13 군자거지 하루지유(君子居之 何陋之有)

군자가 거처함에 무슨 누추함이 있겠는가?

子罕篇 9-26 의폐온포(衣幣縕袍)

닳아 해어진 솜옷을 입다. [가진 것이 없어도 부끄러워 하지 않음

子罕篇 9-28 지자불혹(知者不惑) 인자불우(仁者不憂) 용자불구 (勇者不懼)

지혜로운 사람은 미혹되지 않고, 인덕이 있는 사람은 근심하지 않고, 용기 있는 사람은 두려워하지 않는다. (= 憲問篇 14-30)

子路篇 13-26 태이불교(泰而不驕)

침착하고 태연하되 교만하지 않는다.

子路篇 13-27 강의목눌(剛毅木訥)

강직하고 결단력이 있으며 소박하고 말수가 적다.

憲問篇 14-5 인자필유용(仁者必有勇) 용자불필유인(勇者不必 有仁)

어진 사람은 반드시 용기가 있지만, 용기 있는 사람이라고 해서 반드시 어진 것은 아니다.

憲問篇 14-30 인자불우(仁者不憂) 지자불혹(知者不惑) 용자불 구(勇者不懼)

어진 이는 근심하지 않고, 지혜로운 이는 미혹되지 않고, 용기 있는 이는 두려워하지 않는다. (= 子罕篇 9-28)

52주간의 마음산책

衛靈公篇 15-8 지사인인(志士仁人), 살신이성인(殺身以成仁)

숭고한 뜻을 지닌 사람과 어진 사람. 자신을 희생하여 인을 이루다.

衛靈公篇 15-38 유교무류(有敎無類)

사람을 가르치는 데 있어서 차별을 두지 않는다.

陽貨篇 17-6 능행오자어(能行五者於) 천하위인의(天下爲仁矣)

다섯 가지 일을 세상에 널리 실행할 수 있다면 인자라고 할 수 있다.

공관신민혜 (恭寬信敏惠)

공손함, 관대함, 신용있음, 부지런함, 은혜로움

인덕(人德)

學而篇 1-2 군자무본(君子務本) 본립이도생(本立而道生)

군자는 근본에 힘쓴다. 근본이 확립되면 그 다음부터는 저절로
이루어진다.

學而篇 1-8 과즉물탄개(過則勿憚改) (= 子罕篇 9-24)

잘못이 있으면 고치는 것을 꺼리지 말라. (= 衞靈公篇 15-29)

學而篇 1-15 빈이무첨(貧而無諂) 부이무교(富而無驕)

가난해도 부자에게 아첨함이 없고, 부유해도 가난한 사람에게
교만하지 않는다.

**學而篇 1-16 불환인지불기지(不患人之不己知) 환부지인야(患
不知人也) (= 憲問篇 14-32, 衞靈公篇 15-18)**

다른 사람이 나를 이해해 주지 않아도 나는 걱정하지 않는다.
(내 자신이) 다른 사람을 이해하지 못하는 것을 걱정한다.

爲政篇 2-13 선행기언 이후종지(先行其言 而後從之)

말하고자 하는 바를 먼저 행하고, 이후에 말은 그 행동을 따라야 한다. (= 里仁篇 4-24, 憲問篇 14-27)

里仁篇 4-14 불환무위(不患無位) 환소이립(患所以立)

지위가 없음을 근심하지 말고, 지위 맡을 자질이 없음을 근심하라.

불환막기지(不患莫己知) 구위가지야(求爲可知也)

자신을 알아주는 사람이 없음을 근심하지 말고, 다른 사람들이 자신의 가치를 알 수 있도록 노력하라.

里仁篇 4-17 견현사제언(見賢思齊焉) 견불현이내자성야(見不賢而內自省也)

훌륭한 사람을 보면 그같이 되려고 노력하고, 못된 인간을 보면 그를 통해 자신을 반성한다. (= 顔淵篇 12-16)

里仁篇 4-24 욕눌어언 이민어행(欲訥於言 而敏於行)

말은 적게 하고 실행은 앞서서 하라. (= 爲政篇 2-13)

里仁篇 4-25 덕불고 필유린(德不孤 必有隣)

인품을 갖추면 외롭지 않고, 반드시 알아주는 사람이 있다.

公冶長篇 5-9 후목불가조 분토지장불가오(朽木不可雕 糞土之 牆不可朽)

썩은 나무로는 새길 수 없고, 썩은 흙으로 쌓은 담에는 덧칠 할 수 없다.

公冶長篇 5-11 아불욕인지가저아(我不欲人之加諸我) 오역욕무 가저인(吾亦欲無加諸人)

남이 나에게 폐를 끼치길 원치 않는 것처럼, 나도 남에게 폐를 끼치지 않고 싶다. (= 顏淵篇 12-2, 衞靈公篇 15-23)

公冶長篇 5-26 능견기과 이내자송(能見其過 而內自訟)

자신의 잘못을 깨닫고 스스로 반성한다.

雍也篇 6-3 불천노 불이과(不遷怒 不貳過)

노하는 법이 없고, 같은 잘못을 반복하지 않는다.

雍也篇 6-16 질승문즉야(質勝文則野) 문승질즉사(文勝質則史)

실질의 내용만 앞세워 문식을 갖추지 않으면 촌스럽고, 문식만 현란하고 내용이 부실하면 허황하다.

先進篇 11-20 논독시여(論篤是與) 군자자호(君子者乎) 색장자 호(色莊者乎)

하는 말이 조리가 있고 그럴 듯하면 동의하게 마련인데, 그 사람이 과연 교양 있는 군자일까? 아니면 겉모습만 그럴 듯한 사람일까?

先進篇 11-25 불오지야(不吾知也) 여혹지이(如或知爾) 즉하이재(則何以哉)

나를 알아주는 사람이 없다고 말하는데, 만약 누군가가 너를 알아준다면, 어떻게 하겠느냐?

顔淵篇 12-2 기소불욕 물시어인(己所不欲 勿施於人)

자신이 하고 싶지 않은 일을 남에게 시키지 않는다. (= 衞靈公篇 15-23, 公冶長篇 5-11)

顔淵篇 12-4 불우불구(不憂不懼)

근심하지 않고 두려워하지 않는다.

顔淵篇 12-10 숭덕변혹(崇德辨惑)

덕을 높이고 미혹을 가린다.

顔淵篇 12-16 성인지미 불성인지악(成人之美 不成人之惡)

남의 좋은 점은 완성하고 단점은 없애준다. (= 里仁篇 4-17)

顔淵篇 12-21 숭덕 수특 변혹(崇德 修慝 辨惑)

덕을 높이고, 사특함을 다스리고, 미혹을 가린다.

子路篇 13-22 불항기덕 혹승지수(不恒其德 或承之羞)

그 덕이 항구하지 못하면 수치를 당할 수 있다. [주역 항恒괘]

憲問篇 14-5 유덕자필유언(有德者必有言) 유언자불필유덕(有言者不必有德)

덕을 갖춘 사람은 반드시 그에 걸맞게 말을 잘 하지만, 말 잘 하는 사람이 반드시 덕을 갖춘 것은 아니다.

憲問篇 14-11 빈이무원난(貧而無怨難) 부이무교이(富而無驕易)

가난하게 살면서 원망하지 않기는 어렵지만, 부유하게 살면서 교만하지 않기는 오히려 쉽다.

憲問篇 14-29 치기언이과기행(恥其言而過其行)

말이 실행보다 앞서는 것을 부끄럽게 여긴다. (= 爲政篇 2-13)

憲問篇 14-32 불환인지불기지(不患人之不己知) 환기불능야(患其不能也) (= 學而篇 1-16, 衛靈公篇 15-18)

다른 사람이 나를 알아주지 않는 것을 걱정하지 말고, 자신에게 그럴 만한 능력이 없는 것을 걱정해야 할 것이다.

52주간의 마음산책

憲問篇 14-35 기불칭기력 칭기덕아(驥不稱其力 稱其德也)

천리마는 (그 혈통이 지니는) 체력을 칭송하는 것이 아니라, (조련의 결과 갖게 된) 능력을 칭송하는 것이다.

憲問篇 14-36 이덕보원(以德報怨) 이직보원(以直報怨) 이덕보덕(以德報德)

호의로써 원망에 답한다. 평심으로써 원망에 답하고, 호의로써 호의에 답한다.

憲問篇 14-37 불원천 불우인(不怨天 不尤人)

하늘을 원망하지 않고, 다른 사람을 탓하지 않는다.

憲問篇 14-45 수기이경(修己以敬)

자신을 수양하여 경건해진다.

衛靈公篇 15-1 군자고궁(君子固窮) 소인궁사람의(小人窮斯濫矣)

군자는 곤궁에 처해도 의연하지만, 소인은 곤궁에 처하면 함부로 한다.

衛靈公篇 15-14 궁자후이 박책어인 즉원원의(躬自厚而 薄責於人 則遠怨矣)

자신에 대해서는 깊이 반성하고, 타인에 대해서는 책망할 일이 있어도 가볍게 하면, 원망이 멀어질 것이다.

衛靈公篇 15-18 군자병무능언 불병인지불기지야(君子病無能言 不病人之不己知也)

군자는 자신의 능력이 부족하지 않은지 걱정하고, 남이 자신을 알아주지 않는 것을 걱정하지 않는다. (= 學而篇 1-16, 憲問篇 14-32)

衛靈公篇 15-19 질몰세이명불칭언(疾沒世而名不稱焉)

죽고 나서도 나름대로의 업적에 대한 평판을 얻지 못한다면 그것은 부끄러운 일이다.

衛靈公篇 15-20 군자구저기(君子求諸己) 소인구저인(小人求諸人)

군자는 자기 완성을 기준으로 행동하며, 소인은 남의 평가를 기준으로 행동한다.

衛靈公篇 15-23 기소불욕 물시어인(己所不欲 勿施於人)

자신이 원하지 않는 일을 남에게 시키지 않는다. (= 顔淵篇 12-2)

衛靈公篇 15-26 교언난덕(巧言亂德)

교묘하게 꾸며대는 말은 덕을 어지럽힌다.

52주간의 마음산책

소불인 즉난대모(小不忍 則亂大謀)

작은 일을 참지 않으면 큰일을 그르치게 된다.

衛靈公篇 15-28 인능홍도(人能弘道) 비도홍인(非道弘人)

사람이 도를 넓히는 것이지, 도가 사람을 넓히는 것이 아니다.

衛靈公篇 15-29 과이불개(過而不改) 시위과의(是謂過矣)

잘못을 저지르고도 고치지 않는다면 그것이 바로 완전한 잘못이다. (= 學而篇 1-8)

季氏篇 16-8 군자유삼외(君子有三畏) 외천명(畏天命) 외대인(畏大人) 외성인지언(畏聖人之言)

군자가 두려워하는 것에는 세 가지가 있으니, 천명을 두려워하고 대인을 두려워하고 성인의 말씀을 두려워한다.

子張篇 19-2 집덕불홍(執德不弘) 신도부독(信道不篤)

덕을 집행함이 넓지 못하고, 도에 대한 신념이 독실하지 않다.

子張篇 19-9 군자유삼변(君子有三變) 망지엄연(望之儼然) 즉지야온 (卽之也溫) 청기언야려(聽其言也厲)

군자에겐 3가지 다른 모습이 있으니, 멀리서 바라보면 근엄하고, 가까이서 보면 온화하고, 말을 들으면 날카롭다.

堯曰篇 20-3 부지명 무이위군자야(不知命 無以爲君子也) 부지례 무이립야(不知禮 無以立也) 부지언 무이지인야(不知言 無以知人也)

천명을 깨닫지 못하면 군자가 될 수 없고, 예를 모르면 사회에서 입신할 수 없고, 말씀을 알지 못하면 인생을 알 수 없느니라.

예절(禮節)

學而篇 1-10 온량공검양(溫良恭儉讓)
온후하고 선량하고 공손하고 검소하고 겸양하심

學而篇 1-12 예지용 화위귀(禮之用 和爲貴)
예를 실행함에 있어서는 타협이 중요하다.

學而篇 1-15 빈이락도(貧而樂道) 부이호례(富而好禮)
가난한 중에도 인간적인 삶의 길을 찾아 만족하고, 부유한 중
에도 겸손한 삶을 좋아한다.

八佾篇 3-12 제여재 제신여신재(祭如在 祭神如神在)
조상에게 제사할 때는 조상이 계신 것처럼 하고, 신에게 제사
할 때는 신이 계신 것처럼 한다.

八佾篇 3-21 성사불설(成事不設) 수사불간(遂事不諫) 기왕불구
(旣往不咎)

끝난 일은 들추어 말하는 것이 아니고, 돌이킬 수 없는 것은 충고하는 것이 아니고, 지난 일은 탓하는 것이 아니거늘.

里仁篇 4-19 부모재 불원유 유필유방(父母在 不遠遊 遊必有方)
부모가 살아계실 때에는 멀리 나가지 않는다. 나갈 때는 반드시 가는 곳을 말씀드린다.

公冶長篇 5-25 노자안지(老者安之) 붕우신지(朋友信之) 소자회지(小子懷之)
노인들은 편안하게 해드리고, 친구들은 믿게 하며, 젊은이들은 따르게 하겠다.

泰伯篇 8-2 공이무례즉로(恭而無禮則勞) 신이무례즉사(愼而無禮則葸) 용이무례즉난(勇而無禮則亂) 직이무례즉교(直而無禮則絞)
공손하지만 예의가 없으면 헛수고이다. 신중하지만 예의가 없으면 두려워한다. 용맹하지만 예의가 없으면 난폭하다. 정직하지만 예의가 없으면 각박하다.

泰伯篇 8-3 여임심연(如臨深淵) 여리박빙(如履薄氷)
깊은 연못을 임할 때 (굽어볼 때)처럼 하고, 얇은 얼음 위를 걸을 때처럼 한다. [위험한 상황에 조심스럽게 대처함]

泰伯篇 8-8 興於詩 立於禮 成於樂(흥어시 입어례 성어악)

시(학문)에서 일어나고, 예절에서 바로 서고, 음악에서 완성된다.

鄕黨篇 10-2 하대부언 간간여야(下大夫言 侃侃如也) 상대부언 은은여야(上大夫言 誾誾如也)

하대부와 말할 때는 온화하고, 상대부와 말할 때는 공손하면서도 정직하다.

先進篇 11-11 미능사인 언능사귀(未能事人 焉能事鬼) 미지생 언지사(未知生 焉知死)

산 사람도 잘 섬기지 못하면서 죽은 사람을 어떻게 섬길 수 있겠느냐? 삶의 의미도 모르면서 어떻게 죽음의 의미를 알겠느냐?

顔淵篇 12-1 극기복례(克己復禮) 비례물시 비례물청 비례물언 비례물동 (非禮勿視 非禮勿聽 非禮勿言 非禮勿動)

자기를 이기고 예로 돌아간다. 예에 어긋나는 것은 보지 말고, 예에 어긋나는 것은 듣지 말며, 예에 어긋나는 것은 말하지 말고, 예에 어긋나는 것은 행하지 말라.

顔淵篇 12-5 사생유명 부귀재천(死生有命 富貴在天)

사람이 죽고 사는 것은 운명으로 정해져 있고, 부귀는 하늘에 달려 있다.

52주간의 마음산책

경이무실 공이유례(敬而無失 恭而有禮) 사해지내 개형제야(四海之內 皆兄弟也)

신중하게 처신하여 잘못을 저지르지 않고, 남들에게 공손하여 예의를 지킨다면, 천하의 모든 사람들이 형제가 될 것이다.

신뢰(信賴)

學而篇 1-5 경사이신(敬事而信)

일을 신중하게 하여 믿음을 준다.

爲政篇 2-18 다문궐의 신언기여 즉과우(多聞闕疑 愼言其餘 則寡尤) 다견궐태 신행기여 즉과회(多見闕殆 愼行其餘 則寡悔)

널리 듣고 나서 의심스러운 것을 보류하고, 확실한 것을 신중하게 말하면, 비난받을 일이 적다. 널리 보고 나서 의심스러운 것을 보류하고, 자신 있는 것을 신중히 실행하면, 뉘우칠 일이 적다.

述而篇 7-25 무이위유(亡而爲有) 허이위영(虛而爲盈) 약이위태(約而爲泰) 난호유항의(難乎有恒矣)

(실체가) 없는 것을 있다고 속이고, (내용이) 공허한 것을 (가득) 찼다고 속이고, 빈약한 것을 풍부한 것처럼 보이게 하는 사람은 지조를 지키기 어렵다.

泰伯篇 8-16 광이부직(狂而不直) 통이불원(侗而不愿) 공공이불신(悾悾而不信)

고지식하면서도 정직하지 않고, 어리석으면서 성실하지 않고, 진지해보이면서도 미덥지 않은 사람.

先進篇 11-13 부인불언 언필유중(夫人不言 言必有中)

저 사람은 평소에는 말이 없지만 일단 말을 꺼내면 사리에 맞는 말만 하는구나.

憲問篇 14-4 위언위행(危言危行). 위행언손(危行言孫)

정직하게 말하고 정직하게 행동한다. 행동은 바르게 하되 말은 겸손하게 한다.

憲問篇 14-21 기언지부작 즉위지야난(其言之不怍 則爲之也難)

말은 큰소리 탕탕 치면서 부끄러워 할 줄 모르는 인간은 실행에 이르러서는 제대로 하기가 어렵다.

憲問篇 14-33 불역사 불억불신 억역선각자 시현호(不逆詐 不億不信 抑亦先覺者 是賢乎)

상대방이 나를 속이는 것은 아닌가 지레짐작하지 않고, 또 나를 믿지 않는가 억측하지도 않지만, 도리어 먼저 깨닫는 이것이 현명함이로다.

衛靈公篇 15-5 언충신 행독경(言忠信 行篤敬)

말에는 진정과 신뢰가 있고, 행동은 돈독함과 공경함이 있다.

衛靈公篇 15-22 불이언거인 불이인폐언(不以言擧人 不以人廢言)

말만 듣고 사람을 평가하지 않고, (비록 하찮은) 사람(일지라도 하는) 말이 훌륭하면 흘려듣지 않는다.

衛靈公篇 15-27 중오지 필찰언(衆惡之 必察焉) 중호지 필찰언 (衆好之 必察焉)

모두가 그를 싫어해도 반드시 자신의 눈으로 확인하고, 모두가 좋아해도 반드시 자신의 눈으로 확인한다.

인생(人生)

爲政篇 2-4 십유오이지우학(十有五而志于學) 삼십이립(三十而立) 사십이불혹(四十而不惑) 오십이지천명(五十而知天命) 육십이이순(六十而耳順) 칠십이종심소욕 불유구(七十而從心所欲 不踰矩)

열다섯에 학문에 뜻을 세웠고, 서른에는 독립하게 되었고, 마흔에는 미혹됨이 없게 되었고, 오십에는 천명을 깨달았고, 예순이 되어 말씀이 들리게 되었고, 일흔이 되어서는 마음 내키는 대로 하여도 도를 넘어서는 일이 없어졌다.

里仁篇 4-8 조문도 석사가의(朝聞道 夕死可矣)

아침에 도를 들으면 저녁에 죽어도 좋다.

公冶長篇 5-22 불념구악 원시용희(不念舊惡 怨是用希)

옛 악연을 잊으려고 노력했기 때문에 남을 원망하지 않을 수 있었다.

雍也篇 6-10 역부족자 중도이폐 금녀획(力不足者 中道而廢 今

女畵)

정말 힘이 부족한 사람이라면 (일단 따라가다가) 도중에 낙오하는 법인데, 너는 지금 시작도 하지 않고 못 하겠다고 하는구나.

雍也篇 6-17 인지생야직(人之生也直) 망지생야행이면(罔之生也幸而免)

사람의 삶은 정직해야 한다. 정직하지 않으면서 살아 있는 것은 요행히 화를 면했을 뿐이다.

述而篇 7-15 반소사음수(飯疏食飮水) 곡굉이침지(曲肱而枕之) 낙역재기중의(樂亦在其中矣) 불의이부차귀(不義而富且貴) 어아여부운(於我如浮雲)

나물밥에 물 마시며, 팔을 베고 잠을 자도 즐거움이 그 안에 있구나. 떳떳하지 못하게 얻은 부귀란 나에게는 뜬구름과 같다.

子罕篇 9-21 묘이불수자유의부(苗而不秀者有矣夫) 수이불실자유의부(秀而不實者有矣夫)

싹이 돋았으나 꽃이 피지 않는 것도 있고, 꽃은 피었으나 열매가 맺히지 않는 것도 있다.

子路篇 13-28 절절시시 이이여야(切切偲偲 怡怡如也)

서로 충고해 주고 격려하며 화목하게 지낸다.

衛靈公篇 15-11 인무원려 필유근우(人無遠慮 必有近憂)

사람이 멀리 헤아려 깊이 생각하지 않으면 반드시 가까운 근심이 있게 된다.

季氏篇 16-7 급기노야 혈기즉쇠 계지재득(及其老也 血氣卽衰 戒之在得)

노년이 되면 기력이 쇠하므로 노욕을 경계해야 한다.

陽貨篇 17-1 일월서의 세불아여(日月逝矣 歲不我與)

날이 가고 달이 가서, 세월은 나를 기다려주지 않는구나.

陽貨篇 17-2 성상근야 습상원야(性相近也 習相遠也)

사람의 본성은 서로 비슷하지만 습관에[터득한 것에 의해서 달라진다.

陽貨篇 17-3 유상지여하우불이(唯上知與下愚不移)

가장 지혜로운 사람과 가장 어리석은 사람은 자신의 생각을 바꾸지 않는다.

陽貨篇 17-19 사시행언(四時行焉) 백물생언(百物生焉)

사계절은 막힘없이 운행되고, 만물은 변함없이 생장한다.

정의(正義)

里仁篇 4-10 의지여비(義之與比)

의로움과 함께 지낸다.

里仁篇 4-16 군자유어의 소인유어리(君者喩於義 小人喩於利)

군자는 정의를 깨우치고, 소인은 이익을 깨우친다.

憲問篇 14-13 견리사의(見利思義) 견위수명(見危授命) 구요불
망 평생지언(久要不忘 平生之言)

　이익을 보면 의를 생각하고, 위험한 경우에 목숨을 버릴 각오를
하고, 지난 약속의 말을 오래도록 잊지 않는다. (= 子張篇 19-1)

衛靈公篇 15-17 의이위질(義以爲質) 예이행지(禮以行之) 손이
출지(孫以出之) 신이성지(信以成之)

　합당함을 원칙으로 삼고, 예의 정신에 따라 의를 실천하고, 겸
손한 말로 의견을 내고, 성실한 태도로 의를 완성한다.

衛靈公篇 15-36 정이불량(貞而不諒)

정도를 지키되 하찮은 의리에 발목 잡히지 않는다.

季氏篇 16-10 견득사의(見得思義) (= 子張篇 19-1)

이익을 눈앞에 두었을 때 그것이 정당한 것인지 생각해본다.

陽貨篇 17-23 의이위상(義以爲上)

정의를 최우선으로 생각한다.

군자유용이무의위난(君子有勇而無義爲亂)

군자가 용기만 있고 정의감이 없다면 난을 일으킬 것이고,

소인유용이무의위도(小人有勇而無義爲盜)

소인이 용기만 있고 정의감이 없다면 도둑질을 하게 될 것이다.

子張篇 19-1 견위치명(見危致命) 견득사의(見得思義)

위험을 보면 목숨을 바치려 하고, 이익이 눈앞에 보이면 정당한 것인지를 생각한다. (= 季氏篇 16-10, 憲問篇 14-13)

학문(學問)

學而篇 1-1 학이시습지(學而時習之) 불역열호(不亦說乎)

- 배우고 주기적으로 익히면 또한 기쁘지 아니한가?

- 배우고 적절한 때에 실천한다면, 그것 역시 기쁘지 아니한가?

學而篇 1-4 전불습호(傳不習乎)

(전수받은) 배움을 제대로 익히지 못한 것은 없는가?

學而篇 1-8 학즉불고(學則不固)

배워야 고루해지지 않는다.

學而篇 1-14 식무구포(食無求飽) 거무구안(居無求安)

음식을 배부르도록 먹으려 하지 않고, 거처에 쉴 때에 안일을 탐하지 않는다.

學而篇 1-15 절차탁마(切磋琢磨)

뼈나 뿔을 자른 다음에 다시 정교하게 다듬고, 옥석을 쪼고 나

서 다시 정교하게 갈 듯이 (공부를) 한다. [인생 공부의 길이 그만큼 심오하대]

爲政篇 2-11 온고이지신(溫故而知新)
지난 것을 연구하여 거기서 새로운 지식을 끌어낸다.

爲政篇 2-12 군자불기(君子不器)
군자는 (한정된 용도에만 쓰이는) 기물같이 되지 말아야 한다.

爲政篇 2-15 학이불사즉망(學而不思則罔) 사이불학즉태(思而不學則殆)
배우고 스스로 생각함이 없으면 배움에 갇히게 되고, 생각만 하고 배우지 않으면 위태롭다.

爲政篇 2-16 공호이단 사해야이(攻乎異端 斯害也已)
이단을 공격하면 이는 해로울 뿐이다.

爲政篇 2-17 지지위지지 부지위부지 시지야(知之爲知之 不知爲不知 是知也)
아는 것을 안다고 하고 모르는 것을 모른다고 하는 것이 바로 안다는 것이다.

里仁篇 4-15 일이관지(一以貫之)

한 이치로 모든 것을 꿰뚫어야 한다. (= 衛靈公篇 15-2)

公冶長篇 5-8 문일이지십(聞一以知十)

하나를 들으면 열을 안다.

公冶長篇 5-14 민이호학(敏而好學) 불치하문(不恥下問)

열심히 배우기를 좋아하고, 아랫사람에게 묻는 것을 부끄러워
하지 않는다.

雍也篇 6-16 문질빈빈 연후군자(文質彬彬 然後君子)

문식[겉치레]과 실질[내용, 바탕]을 함께 갖추어 조화를 이루어
야 교양있는 군자라고 할 수 있다. (= 顔淵篇 12-8)

**雍也篇 6-18 지지자 불여호지자(知之者 不如好之者) 호지자 불
여락지자(好之者 不如樂之者)**

(이성으로) 아는 것은 (감정으로) 좋아하는 것만 못하고, (감정
으로) 좋아하는 것은 (온몸으로) 즐기는 것만 못하다.

雍也篇 6-25 박학어문(博學於文) 약지이례(約之以禮)

널리 문물제도를 배우고, 예절 실천을 통해 그 지식을 매듭짓
는다. (= 顔淵篇 12-15)

述而篇 7-1 술이부작(述而不作) 신이호고(信而好古)

(나의 목적은) 선인의 뜻을 전하고 새로운 것을 일으키지 않는다. 신뢰하는 태도로 고대의 문화를 좋아한다. (= 述而篇 7-27)

述而篇 7-2 묵이지지(黙而識之) 학이불염(學而不厭) 회인불권(誨人不倦)

묵묵히 마음속에 새기고, 열심히 배우며 싫증을 내지 않고, 남을 가르침에 게을리하지 않는다.

述而篇 7-3 덕지불수 학지불강 문의불능사 불선불능개
(德之不修 學之不講 聞義不能徙 不善不能改)

인품과 덕성을 몸에 익히지 않고, 학문을 연구하지 않으며, 올바른 것을 알면서도 동조하지 않고, 나쁜 줄 알면서도 고치지 않는다.

述而篇 7-6 지어도(志於道) 거어덕(據於德) 의어인(依於仁)

바른 길에 뜻을 두고, 덕에 근거하며, 인에 의지한다.

述而篇 7-8 불분불계(不憤不啓) 불비불발(不悱不發)

정열이 없는 사람은 진보하지 못한다. 고민하지 않고서는 앞으로 나아가지 못한다.

述而篇 7-18 발분망식(發憤忘食) 낙이망우(樂以忘憂)

(학문의) 정열이 불타오를 때는 침식도 잊고, (학문의) 즐거움을 알고서는 (그때까지의) 근심을 모두 잊어버린다.

述而篇 7-21 삼인행 필유아사언(三人行 必有我師焉)

몇 사람이 함께 일을 하면, 그 중에는 반드시 본받을 만한 사람이 있다.

述而篇 7-24 자이사교(子以四敎) 문행충신(文行忠信)

공자께서는 네 가지를 가르치셨다. 표현력, 실천력, 진정성, 신의.

述而篇 7-27 부지이작(不知而作)

잘 알지도 못하면서 새로운 이론을 지어내다. (= 述而篇 7-1)

泰伯篇 8-13 독신호학(篤信好學) 수사선도(守死善道)

굳은 믿음으로 학문을 좋아하고, 목숨을 걸고 삶의 원칙을 지킨다.

泰伯篇 8-17 학여불급(學如不及) 유공실지(猶恐失之)

배움이란 영원히 따라가지 못할 듯한 것이며, (따라가도) 놓쳐버릴 것만 같은 것이다.

子罕篇 9-10 앙지미고(仰之彌高) 찬지미견(鑽之彌堅)

우러러보면 볼수록 더욱 높아지고, 뚫어보면 뚫어볼수록 더욱 단단해진다.

子罕篇 9-16 불사주야(不舍晝夜)
밤낮을 가리지 않는다.

子罕篇 9-18 비여위산(譬如爲山). 비여평지(譬如平地)
(학문은) 비유하자면 산을 만드는 것과 같다. (학문은) 또한 평지를 메우는 것과 같다.

子罕篇 9-22 후생가외(後生可畏)
후생[후배, 후학]을 두려워해야 할 것이다.

子罕篇 9-23 법어지언 능무종호(法語之言 能無從乎) 개지위귀(改之爲貴)
귀감이 될 만한 좋은 말을 따르지 않을 수 있겠는가? 진정으로 그 말에 따라 잘못을 고치는 것이 중요하다.
손여지언 능무열호(巽與之言 能無說乎) 역지위귀(繹之爲貴)
듣기 좋게 칭찬하는 말을 좋아하지 않을 수 있겠는가? 그냥 좋아하기만 해서는 안되고 그 속에 담긴 뜻을 찾아내는 것이 중요하다.

子罕篇 9-29 가여공학 미가여적도(可與共學 未可與適道)

52주간의 마음산책

함께 공부해도 같은 길을 간다고는 할 수 없다.

가여적도 미가여립(可與適道 未可與立)

같은 길을 가도 함께 일할 수 있다고는 할 수 없다.

가여립 미가여권(可與立 未可與權)

함께 일해도 운명을 함께 할 수 있다고는 할 수 없다.

先進篇 11-24 하필독서(何必讀書) 연후위학(然後爲學)

어찌 꼭 책을 읽어야지만 학문을 한다고 하겠습니까?

顏淵篇 12-15 박학어문(博學於文) 약지이례(約之以禮)

널리 문물제도를 배우고, 예절 실천을 통해 그 지식을 매듭짓는다. (= 雍也篇 6-25)

憲問篇 14-25 고지학자위기(古之學者爲己) 금지학자위인(今之學者爲人)

옛날 학자들은 자신에게 충실하기 위한 학문을 했는데, 요즘 학자들은 남에게 보이기 위한 학문을 한다.

衛靈公篇 15-2 일이관지(一以貫之)

한 이치로 모든 일을 꿰뚫는다. (= 里仁篇 4-15)

衛靈公篇 15-16 군거종일 언불급의 호행소혜 난의재 (群居終

日 言不及義 好行小慧 難矣哉)

(여럿이) 종일토록 함께 있으면서, 의미있는 말은 한 마디도 하지 않고, 잔재주 부리기나 좋아한다면, 참으로 가르치기 어렵다.

季氏篇 16-9 곤이학지(困而學之). 곤이불학(困而不學)

(실천하는 가운데) 어려움을 만나서 배우다. 어려움에 닥쳐서도 배우려 하지 않다.

季氏篇 16-13 불학시 무이언(不學詩 無以言). 불학례 무이립(不學禮 無以立)

시경을 배우지 않으면 말할 줄을 모르게 된다. 예를 배우지 않으면 세상에서 한 사람 몫을 할 수 없게 된다. (= 泰伯篇 8-8)

陽貨篇 17-8 육언육폐(六言六蔽)

여섯 가지 덕에 대한 여섯 가지 폐단

- 호인불호학 기폐야우(好仁不好學 其蔽也愚), 인덕을 좋아하면서 배우기를 좋아하지 않으면, 그 폐단은 쉽게 우롱당하는 것이다.

- 호지불호학 기폐야탕(好知不好學 其蔽也蕩), 지혜를 존중해도 배우기를 좋아하지 않으면, 그 폐단은 나대게 되는 것이다.

- 호신불호학 기폐야적(好信不好學 其蔽也賊), 신의를 존중해도 배우기를 좋아하지 않으면, 그 폐단은 (남에게 쉽게 이용당해) 마음에 상처를 입게 되는 것이다.

- 호직불호학 기폐야교(好直不好學 其蔽也絞), 정직하기만 하고 배우기를 좋아하지 않으면, 그 폐단은 쉽게 각박해지는 것이다.
- 호용불호학 기폐야난(好勇不好學 其蔽也亂), 용감하기만 하고 배우기를 좋아하지 않으면, 그 폐단은 주위에 폐를 끼치게 되는 것이다.
- 호강불호학 기폐야광(好剛不好學 其蔽也狂), 굳세기만 하고 배우기를 좋아하지 않으면, 그 폐단은 무모해지는 것이다.

子張篇 19-6 일지기소무(日知其所亡) 월무망기소능(月無忘其所能)

날마다 자신이 몰랐던 것을 알아나가고, 달마다 그 동안 배워서 할 수 있게 된 것을 잊지 않았는지 확인한다

子張篇 19-6 박학이독지(博學而篤志) 절문이근사(切問而近思) 인재기중의(仁在其中矣)

배움을 넓게 하고 뜻을 굳게 지키며, 묻기를 절실하게 하고 사색을 가까이 하면, 인덕은 그 가운데에 있다.

子張篇 19-7 백공거사(百工居肆) 이성기사(以成其事)

모든 기술자들이 작업장을 일터로 하여 자신의 일을 성취한다.

정치(政治)

爲政篇 2-1 위정이덕(爲政以德)
정치는 덕망으로 한다.

爲政篇 2-3 도지이덕(道之以德) 제지이례(齊之以禮)
백성을 이끄는 데에 덕망으로써 하고, 백성을 다스리는 데에
예의로써 한다.

**爲政篇 2-14 군자주이불비(君子周而不比) 소인비이부주(小人
比而不周)**
군자는 온전하게 전체를 생각하고 편협하거나 편당적인 것이
없는데, 소인은 끼리끼리 편당을 짓고 두루 통할 줄을 모른다.

爲政篇 2-19 거직조제왕 즉민복(擧直錯諸枉 則民服)
올바른 사람을 등용하고 굽은 사람을 등지면 백성들이 심복한다.
거왕조제직 즉민불복(擧枉錯諸直 則民不服)
굽은 사람을 등용하고 올바른 사람을 등지면 백성들이 심복하

지 않는다.

八佾篇 3-19 군사신이례(君使臣以禮) 신사군이충(臣事君以忠)

군주가 신하를 부릴 때에는 정중하게 하고, 신하가 군주를 섬길 때에는 성심을 다해야 한다.

八佾篇 3-26 거상불관(居上不寬) 위례불경(爲禮不敬) 임상불애(臨喪不哀)

높은 자리에 있으면서 너그럽지 않고, 예를 행함이 신중하지 않고, 상례에 임하여 슬퍼하지 않다.

公冶長篇 5-15 군자지도사언(君子之道四焉). 기행기야공(其行己也恭) 기사상야경(其事上也敬) 기양민야혜(其養民也惠) 기사민야의(其使民也義)

정치가로서 바람직한 덕 네 가지. 그 태도는 공손하고, 윗사람을 섬길 때는 정중하고, 백성을 다스릴 때는 자비롭고, 백성을 부릴 때는 의롭게 한다.

雍也篇 6-20 무민지의(務民之義)

백성들이 의롭다고 생각하는 일을 행하는 데 힘써라.

泰伯篇 8-2 군자독어친 즉민흥어인(君子篤於親 則民興於仁) 고

구불유 즉민불투(故舊不遺 則民不偸)

　군자가 친족에게 정이 두터우면 일반 백성들도 인덕을 지향하게 되고, 친했던 사람을 잊지 않고 계속 가깝게 지낸다면 백성들의 기질도 저절로 좋아질 것이다.

泰伯篇 8-6 임대절이 불가탈야(臨大節而 不可奪也)

중차대한 일에 임하여도 (평소의 신념을) 바꾸지(빼앗지) 않는다.

泰伯篇 8-7 임중이도원(任重而道遠)

임무는 막중하고 갈 길은 멀다.

泰伯篇 8-14 부재기위 불모기정(不在其位 不謀其政)

　그 (정무를 처리해야 하는) 직위에 있지 않다면 그 정무에 참견하지 말라. (= 憲問篇 14-27)

先進篇 11-23 이도사군 불가즉지(以道事君 不可則止)

정의로써 주군을 모시고, 그것이 불가능해지면 깨끗이 물러난다.

顔淵篇 12-6 침윤지참 부수지소(浸潤之譖 膚受之愬)

　물이 스며들 듯이 은근하게 반복되는 참언과 피부에 와 닿는 절실한 하소연

顔淵篇 12-7 민무신불립(民無信不立)

백성들에게 신뢰를 잃으면 나라가 존립할 수 없다.

顔淵篇 12-9 백성부족 군숙여족(百姓不足 君孰與足)

백성이 궁핍하면 어느 군주가 풍족하겠는가?

顔淵篇 12-17 정자정야(政者正也)

정치란 바로잡는 일이다.

자솔이정 숙감부정(子帥以正 孰敢不正)

당신이 솔선하여 정의를 행하면, 누가 감히 부정을 저지르겠는가

子路篇 13-16 근자열 원자래(近者說 遠者來)

가까이 있는 사람들이 기뻐하게 하면 멀리 있는 사람까지 따라
온다.

子路篇 13-17 욕속 즉부달(欲速 則不達) 현소리 즉대사불성(見
小利 則大事不成)

(일을) 서두르면 (목적을) 달성하기 어렵고, 작은 이익에 현혹되
면 큰일을 할 수 없다.

子路篇 13-20 행기유치 시어사방 불욕군명(行己有恥 使於四方
不辱君命)

자신의 행위에 책임을 지고, 외국에 사신으로 나가서, 군주의
명을 잘 처리한다.

憲問篇 14-1 방유도곡(邦有道穀)
나라의 정치가 깨끗하면 관리가 되어 봉급을 받는다.

憲問篇 14-3 사이회거(士而懷居)
선비가 안일을 마음에 품다.

憲問篇 14-16 휼이부정(譎而不正). 정이불휼(正而不譎)
권모술수를 잘 쓴 반면에 정도를 걷지 않다. 정도를 걸으며 권
모술수를 쓰지 않다.

憲問篇 14-27 부재기위 불모기정(不在其位 不謀其政)
그 (정무를 처리해야 하는) 직위에 있지 않다면, 옆에서 참견하
지 말라. (= 泰伯篇 8-14)

憲問篇 14-39 현자피세 기차피지 기차피색 기차피언(賢者辟世 其次辟地 其次辟色 其次辟言)
(세상이 어지러울 때) 현자는 세상을 피해 은거한다. (그래도 어지
러우면) 그 다음은 다른 땅으로 옮긴다. 그 다음은 인상이 나쁜 인간
과 사귀지 않는다. 그 다음은 함부로 말하는 인간과 사귀지 않는다.

衛靈公篇 15-4 무위이치(無爲而治)

앞에 나서지 않고 조용히 천하를 잘 다스리다.

衛靈公篇 15-39 도부동 불상위모(道不同 不相爲謀)

지향하는 이상이 같지 않으면 함께 일을 도모하지 않는다.

微子篇 18-8 불항기지(不降其志) 불욕기신(不辱其身)

자신의 이상을 낮추어 타협하지 않고, 그 몸을 더럽히지 않는다.

子張篇 19-10 신이후간(信而後諫)

(충분히) 신뢰를 얻은 뒤에 간언한다.

子張篇 19-13 사이우즉학(仕而優則學) 학이우즉사(學而優則仕)

출사해서 일에 자신이 생기면 학문을 시작하고, 학문을 해서 자신이 생기면 출사한다.

堯曰篇 20-2 혜이불비(惠而不費) 노이불원(勞而不怨)

욕이불탐(欲而不貪) 태이불교(泰而不驕) 위이불맹(威而不猛)

은혜를 베풀되 낭비하지 않는다. 노역을 시키지만 원망을 사지 않는다. 원하지만 탐내지 않는다. 태연하면서 교만하지 않다. 위엄은 있지만 사납지 않다.

기타

學而篇 1-3 교언영색(巧言令色) (= 陽貨篇 17-17)

아첨하는 교묘한 말과 보기 좋게 꾸미는 얼굴 빛

公冶長篇 5-6 무소취재(① 無所取材, ② 無所取裁, ③ 無所取哉)

- 뗏목을 만들 목재를 구할 데가 없다.

- 적당히 멈출 줄을 모른다.

- 달리 취할 바가 없구나. 어디서 그런 용기를 취했는지 모르겠다.

述而篇 7-10 용지즉행 사지즉장(用之則行 舍之則藏)

쓰인다면 나가고, 쓰이지 않는다면 물러나 소리도 내지 않는다.

述而篇 7-20 괴력난신(怪力亂神)

- 괴한 것, 폭력적인 것, 배덕한 것, 신비한 것

- 괴이한 일, 힘으로 하는 일, 어지러운 일, 귀신에 관한 일

先進篇 11-15 과유불급(過猶不及)

52주간의 마음산책

지나친 것은 부족한 것과 마찬가지이다.

先進篇 11-21 문사행저(聞斯行諸)
들으면 곧 이를 행한다.

顏淵篇 12-8 문유질야 질유문야(文猶質也 質猶文也)
모양은 바탕과 다른 게 아니며 바탕은 모양과 다른 게 아니다.
(겉으로 드러나는 형식과 내면의 본질은 서로 대립되는 것이
아니라 본래 하나로 어우러져야 한다.)

호표지곽 유 견양지곽(虎豹之鞟 猶 犬羊之鞟)
호랑이나 표범의 가죽을 (귀중히 여기는 것은 아름다운 털이
붙어 있기 때문인데, 그 털을 떼어내어) 무두질한 가죽으로 만들
어버리면, 개나 양의 가죽과 구별하기 어려울 것이다.

子路篇 13-23 화이부동(和而不同). 동이불화(同而不和)
(군자는) 화합을 이루되 부화뇌동 하지 않는다. (소인은) 부화뇌
동하여 (의견 조절을 통한) 화합을 하지 못한다.

衛靈公篇 15-9 공욕선기사 필선리기기(工欲善其事 必先利其器)
장인이 그의 일을 잘하려면 우선 연장을 잘 갖추어 놓아야 한다.

陽貨篇 17-7 불왈견호 마이불린(不曰堅乎 磨而不磷)

워낙 견고하면 갈아도 닳지 않는다고 하지 않더냐?

불왈백호 날이불치(不曰白乎 捏而不緇)

워낙 희면 검은 물을 들여도 검어지지 않는다고 하지 않더냐?

陽貨篇 17-12 색려이내임(色厲而內荏)

겉으로는 위엄 있는 척하면서 속으로는 겁약하다.

陽貨篇 17-15 미득지야 환득지(未得之也 患得之) 기득지 환실지(旣得之 患失之)

바라는 것을 얻지 못하면 꼭 손에 넣으려 안달하고, 손에 넣으면 잃어버릴까봐 걱정한다.

陽貨篇 17-17 교언영색(巧言令色) (= 學而篇 1-3)

(환심을 사고자) 아첨하는 교묘한 말과 보기 좋게 꾸미는 얼굴 빛

陽貨篇 17-22 포식종일 무소용심(飽食終日 無所用心)

온종일 배불리 먹고, 마음을 쓰는 데가 없다.

陽貨篇 17-24 칭인지악(稱人之惡) 거하류이산상(居下流而訕上) 용이무례(勇而無禮) 과감이질(果敢而窒)

남의 결점을 (남들 앞에) 드러내다. 천하게 살면서 윗사람을 헐뜯다. 용감하지만 무례하다. 과감하기만 하고 융통성이 없다.

陽貨篇 17-25 근지즉불손 원지즉원(近之則不孫 遠之則怨)

친근하게 대하면 불손하고, 멀리 대하면 원망한다.

微子篇 18-10 무구비어일인(無求備於一人)

한 사람에게 모든 것이 다 갖추어져 있기를 요구하지 말라.

子張篇 19-4 치원공니(致遠恐泥)

깊이 들어가면 거기에 빠질 우려가 있다.

子張篇 19-8 과야필문(過也必文)

잘못을 저지르고 꼭 변명한다.

논어 사자성어 모음

교우(交友)

❖ ❖ ❖ ❖

선여인교(善與人交) 구이경지(久而敬之)   [公冶長篇 5-16]
남들과 잘 사귀려면 오래도록 변함없이 그들을 존중하라.

이문회우(以文會友) 이우보인(以友輔仁)   [顏淵篇 12-24]
문장과 학술로써 벗을 모으고, 벗을 통해 인의 길로 나아간다.

긍이부쟁(矜而不爭) 군이부당(君而不黨)   [衛靈公篇 15-21]
자존심을 지키면서도 서로 배척하지 않고, 공동으로 일을 하면서 파벌을 형성하지 않는다.

인자(仁慈)

❖ ❖ ❖ ❖

이인위미(里仁爲美)   [里仁篇 4-1]
인심 좋은 마을에 사는 것이 최고다.

인자안인(仁者安仁) 지자리인(知者利仁)   [里仁篇 4-2]

어진 사람은 인(仁)을 편안히 여기고, 지혜로운 사람은 인을 이롭게 여긴다.

인이불녕(仁而不佞)　　[公冶長篇　5-4]
인덕을 갖추고 있지만 말재주가 없다.

지자요수(知者樂水) 인자요산(仁者樂山)　　[雍也篇　6-21]
지자는 물을 좋아하고 인자는 산을 좋아한다.

위이불맹(威而不猛)　　[述而篇　7-37]
위엄이 있으면서 사납지 않다.

범이불교(犯而不校)　　[泰伯篇　8-5]
시비를 걸어와도 따지지 않는다.

군자거지(君子居之) 하루지유(何陋之有)　　[子罕篇　9-13]
군자가 거처함에 무슨 누추함이 있겠는가?

의폐온포(衣幣縕袍)　　[子罕篇　9-26]
닳아 해어진 솜옷을 입다(가진 것이 없어도 부끄러워 하지 않음).

지자불혹(知者不惑) 인자불우(仁者不憂) 용자불구(勇者不懼)

[子罕篇 9-28, 憲問篇 14-30]

지혜로운 사람은 미혹되지 않고, 인덕이 있는 사람은 근심하지 않고, 용기 있는 사람은 두려워하지 않는다.

태이불교(泰而不驕)   **[子路篇 13-26]**

침착하고 태연하되 교만하지 않는다.

강의목눌(剛毅木訥)   **[子路篇 13-27]**

강직하고 결단력이 있으며 소박하고 말수가 적다.

유교무류(有敎無類)   **[衛靈公篇 15-38]**

사람을 가르치는 데 있어서 차별을 두지 않는다.

인덕(人德)

◆ ◆ ◆ ◆

군자무본(君子務本)   **[學而篇 1-2]**

군자는 근본에 힘쓴다.

빈이무첨(貧而無諂) 부이무교(富而無驕)   **[學而篇 1-15]**

가난해도 부자에게 아첨함이 없고, 부유해도 가난한 사람에게 교만하지 않는다.

선행기언(先行其言) 이후종지(而後從之)　　[爲政篇　2-13]
말하고자 하는 바를 먼저 행하고, 이후에 말은 그 행동을 따라야 한다.

불환무위(不患無位) 환소이립(患所以立)　　[里仁篇　4-14]
지위가 없음을 근심하지 말고, 지위 맡을 자질이 없음을 근심하라.

견현사제(見賢思齊)　　[里仁篇　4-17]
훌륭한 사람을 보면 그같이 되려고 노력한다.

욕눌어언(欲訥於言) 이민어행(而敏於行)　　[里仁篇　4-24]
말은 적게 하고 실행은 앞서서 하라.

능견기과(能見其過) 이내자송(而內自訟)　　[公冶長篇　5-26]
자신의 잘못을 깨닫고 스스로 반성한다.

논독시여(論篤是與)　　[先進篇　11-20]
하는 말이 조리가 있고 그럴 듯하면 동의하게 마련이다.

기소불욕(己所不欲) 물시어인(勿施於人)　　[顔淵篇　12-2, 衛靈公篇 15-23]

자신이 하고 싶지 않은 일을 남에게 시키지 않는다.

숭덕변혹(崇德辨惑)　　[顔淵篇　12-10]

덕을 높이고 미혹을 가린다.

성인지미(成人之美)　　[顔淵篇　12-16]

남의 좋은 점을 완성한다.

불항기덕(不恒其德) 혹승지수(或承之羞)　　[子路篇　13-22]

그 덕이 항구하지 못하면 수치를 당할 수 있다.

이덕보원(以德報怨)　　[憲問篇　14-36]

호의로써 원망에 답한다.

이직보원(以直報怨) 이덕보덕(以德報德)　　[憲問篇　14-36]

평심으로 원망에 답하고, 호의로써 호의에 답한다.

수기이경(修己以敬)　　[憲問篇　14-45]

자신을 수양하여 경건해진다.

군자고궁(君子固窮)　[衛靈公篇 15-1]
군자는 곤궁에 처해도 의연하다.

궁자후이(躬自厚而) 박책어인(薄責於人)　[衛靈公篇 15-14]
자신에 대해서는 깊이 반성하고, 타인에 대해서는 책망을 가볍게 한다.

교언난덕(巧言亂德)　[衛靈公篇 15-26]
교묘하게 꾸며대는 말은 덕을 어지럽힌다.

인능홍도(人能弘道) 비도홍인(非道弘人)　[衛靈公篇 15-28]
사람이 도를 넓히는 것이지, 도가 사람을 넓히는 것이 아니다.

과이불개(過而不改)　[衛靈公篇 15-29]
잘못을 저지르고도 고치지 않는다.

집덕불홍(執德不弘) 신도부독(信道不篤)　[子張篇 19-2]
덕을 집행함이 넓지 못하고, 도에 대한 신념이 독실하지 않다.

망지엄연(望之儼然) 즉지야온(卽之也溫)　[子張篇 19-9]
멀리서 바라보면 근엄하고, 가까이서 보면 온화하다.

예절(禮節)

◆ ◆ ◆ ◆

빈이락도(貧而樂道) 부이호례(富而好禮) **[學而篇 1-15]**
가난한 중에도 인간적인 삶의 길을 찾아 만족하고, 부유한 중
에도 겸손한 삶을 좋아한다.

성사불설(成事不說) 수사불간(遂事不諫) 기왕불구(旣往不咎)
[八佾篇 3-21]
끝난 일은 들추어 말하는 것이 아니고, 돌이킬 수 없는 것은 충
고하는 것이 아니고, 지난 일은 탓하는 것이 아니거늘.

노자안지(老者安之) 붕우신지(朋友信之) 소자회지(小子懷之)
[公冶長篇 5-25]
노인들은 편안하게 해드리고, 친구들은 믿게 하며, 젊은이들은
따르게 한다.

여임심연(如臨深淵) 여리박빙(如履薄氷) **[泰伯篇 8-3]**
깊은 연못을 임할 때 (굽어볼 때)처럼 하고, 얇은 얼음 위를 걸
을 때처럼 한다(위험한 상황에 조심스럽게 대처함).

극기복례(克己復禮)　　[顔淵篇　12-1]

자기를 이기고 예로 돌아간다.

사생유명(死生有命) 부귀재천 (富貴在天)　　[顔淵篇　12-5]

사람이 죽고 사는 것은 운명으로 정해져 있고, 부귀는 하늘에
달려 있다.

경이무실(敬而無失) 공이유례 (恭而有禮)　　[顔淵篇　12-5]

신중하게 처신하여 잘못을 저지르지 않고, 남들에게 공손하여
예의를 지킨다.

신뢰(信賴)

♦ ♦ ♦ ♦

경사이신(敬事而信)　　[學而篇　1-5]

일을 신중하게 하여 믿음을 준다.

다문궐의(多聞闕疑) 신언기여(愼言其餘)　　[爲政篇　2-18]

널리 듣고 나서 의심스러운 것을 보류하고, 확실한 것을 신중
하게 말한다.

무이위유(亡而爲有) 허이위영(虛而爲盈) 약이위태(約而爲泰)

[述而篇 7-25]

(실체가) 없는 것을 있다고 속이고, (내용이) 공허한 것을 (가득) 찼다고 속이고, 빈약한 것을 풍부한 것처럼 보이게 한다.

광이부직(狂而不直) 통이불원(侗而不愿)   [泰伯篇 8-16]

고지식하면서도 정직하지 않고, 어리석으면서 성실하지 않다.

언필유중(言必有中)   [先進篇 11-13]

말을 꺼내면 사리에 맞는 말만 한다.

위언위행(危言危行). 위행언손(危行言孫)   [憲問篇 14-4]

정직하게 말하고 정직하게 행동한다. 행동은 바르게 하되 말은 겸손하게 한다.

불억불신(不億不信)   [憲問篇 14-33]

나를 믿지 않는가 억측하지 않는다.

인생(人生)

◆ ◆ ◆ ◆

불념구악(不念舊惡) 원시용희(怨是用希)　　[公冶長篇 5-22]
옛 악연을 잊으려고 노력했기 때문에 남을 원망하지 않을 수
있었다.

절절시시(切切偲偲) 이이여야(怡怡如也)　　[子路篇 13-28]
서로 충고해 주고 격려하며 화목하게 지낸다.

인무원려(人無遠慮) 필유근우(必有近憂)　　[衛靈公篇 15-11]
사람이 멀리 헤아려 깊이 생각하지 않으면 반드시 가까운 근심
이 있게 된다.

급기노야(及其老也) 혈기즉쇠(血氣卽衰) 계지재득(戒之在得)
[季氏篇 16-7]
노년이 되면 기력이 쇠하므로 노욕을 경계해야 한다.

일월서의(日月逝矣) 세불아여(歲不我與)　　[陽貨篇 17-1]
날이 가고 달이 가서, 세월은 나를 기다려주지 않는구나.

성상근야(性相近也) 습상원야(習相遠也)　　[陽貨篇 17-2]
사람의 본성은 서로 비슷하지만 습관에(터득한 것에) 의해서
달라진다.

사시행언(四時行焉) 백물생언(百物生焉)　　[陽貨篇 17-19]
사계절은 막힘없이 운행되고, 만물은 변함없이 생장한다.

정의(正義)

♦ ♦ ♦ ♦

의지여비(義之與比)　　[里仁篇 4-10]
의로움과 함께 지낸다.

견리사의(見利思義) 견위수명(見危授命)
구요불망(久要不忘) 평생지언(平生之言)　　[憲問篇 14-13]
이익을 보면 의를 생각하고, 위험한 경우에 목숨을 버릴 각오
를 하고, 지난 약속의 말을 오래도록 잊지 않는다.

의이위질(義以爲質) 예이행지(禮以行之)
손이출지(孫以出之) 신이성지(信以成之)　　[衛靈公篇 15-17]

합당함을 원칙으로 삼고, 예의 정신에 따라 의를 실천하고, 겸손한 말로 의견을 내고, 성실한 태도로 의를 완성한다.

정이불량(貞而不諒)　[衛靈公篇 15-36]
정도를 지키되 하찮은 의리에 발목 잡히지 않는다.

견위치명(見危致命) 견득사의(見得思義)　[季氏篇16-10, 子張篇 19-1]
이익을 눈앞에 두었을 때 그것이 정당한 것인지 생각해본다.

의이위상(義以爲上)　[陽貨篇 17-23]
정의를 최우선으로 생각한다.

학문(學問)

◆ ◆ ◆ ◆

전불습호(傳不習乎)　[學而篇 1-4]
(전수받은) 배움을 제대로 익히지 못한 것은 없는가?

학즉불고(學則不固)　[學而篇 1-8]

배워야 고루해지지 않는다.

식무구포(食無求飽) 거무구안(居無求安)　[學而篇 1-14]
음식을 배부르도록 먹으려 하지 않고, 거처에 쉴 때에 안일을 탐하지 않는다.

절차탁마(切磋琢磨)　[學而篇 1-15]
뼈나 뿔을 자른 다음에 다시 정교하게 다듬고, 옥석을 쪼고 나서 다시 정교하게 갈 듯이 (공부를) 한다(인생 공부의 길이 그만큼 심오하다).

군자불기(君子不器)　[爲政篇 2-12]
군자는 (한정된 용도에만 쓰이는) 기물같이 되지 말아야 한다.

공호이단(攻乎異端) 사해야이(斯害也已)　[爲政篇 2-16]
이단을 공격하면 이는 해로울 뿐이다.

일이관지(一以貫之)　[里仁篇 4-15, 衛靈公篇 15-2]
한 이치로 모든 것을 꿰뚫어야 한다.

민이호학(敏而好學) 불치하문(不恥下問)　[公冶長篇 5-14]
열심히 배우기를 좋아하고, 아랫사람에게 묻는 것을 부끄러워

하지 않는다.

문질빈빈(文質彬彬)　　[雍也篇 6-16]
문식(겉치레)과 실질(내용, 바탕)을 함께 갖추어 조화를 이룬다.

박학어문(博學於文) 약지이례(約之以禮)　　[雍也篇 6-25, 顔淵篇 12-15]
널리 문물제도를 배우고, 예절 실천을 통해 그 지식을 매듭짓는다.

술이부작(述而不作) 신이호고(信而好古)　　[述而篇 7-1]
선인의 뜻을 전하고 새로운 것을 일으키지 않는다. 신뢰하는 태도로 고대의 문화를 좋아한다.

묵이지지(黙而識之) 학이불염(學而不厭) 회인불권(誨人不倦)
[述而篇 7-2]
묵묵히 마음속에 새기고, 열심히 배우며 싫증을 내지 않고, 남을 가르침에 게을리하지 않는다.

덕지불수(德之不修) 학지불강(學之不講)　　[述而篇 7-3]
인품과 덕성을 몸에 익히지 않고, 학문을 연구하지 않는다.

52주간의 마음산책

불분불계(不憤不啓) 불비불발(不悱不發)　　[述而篇 7-8]

정열이 없는 사람은 진보하지 못한다. 고민하지 않고서는 앞으
로 나아가지 못한다.

발분망식(發憤忘食) 낙이망우(樂以忘憂)　　[述而篇 7-18]

(학문의) 정열이 불타오를 때는 침식도 잊고, (학문의) 즐거움을
알고서는 (그때까지의) 근심을 모두 잊어버린다.

부지이작(不知而作)　　[述而篇 7-27]

잘 알지도 못하면서 새로운 이론을 지어내다.

독신호학(篤信好學) 수사선도(守死善道)　　[泰伯篇 8-13]

굳은 믿음으로 학문을 좋아하고, 목숨을 걸고 삶의 원칙을 지
킨다.

학여불급(學如不及) 유공실지(猶恐失之)　　[泰伯篇 8-17]

배움이란 영원히 따라가지 못할 듯한 것이며, (따라가도) 놓쳐
버릴 것만 같은 것이다.

앙지미고(仰之彌高) 찬지미견(鑽之彌堅)　　[子罕篇 9-10]

우러러보면 볼수록 더욱 높아지고, 뚫어보면 뚫어볼수록 더욱
단단해진다.

불사주야(不舍晝夜) [子罕篇 9-16]

밤낮을 가리지 않는다.

비여위산(譬如爲山), 비여평지(譬如平地) [子罕篇 9-18]

(학문은) 비유하자면 산을 만드는 것과 같다. (학문은) 또한 평지를 메우는 것과 같다.

후생가외(後生可畏) [子罕篇 9-22]

후생(후배, 후학)을 두려워해야 할 것이다.

법어지언(法語之言) 능무종호(能無從乎) 개지위귀(改之爲貴)

손여지언(巽與之言) 능무열호(能無說乎) 역지위귀(繹之爲貴)

[子罕篇 9-23]

귀감이 될 만한 좋은 말을 따르지 않을 수 있겠는가? 진정으로 그 말에 따라 잘못을 고치는 것이 중요하다.

듣기 좋게 칭찬하는 말을 좋아하지 않을 수 있겠는가? 그냥 좋아하기만 해서는 안되고 그 속에 담긴 뜻을 찾아내는 것이 중요하다.

곤이학지(困而學之) 곤이불학(困而不學) [季氏篇 16-9]

어려움을 만나서 배우다. 어려움에 닥쳐서도 배우려 하지 않다.

백공거사(百工居肆) 이성기사(以成其事)　　[子張篇 19-7]

모든 기술자들이 작업장을 일터로 하여 자신의 일을 성취한다.

정치(政治)

◆ ◆ ◆ ◆

위정이덕(爲政以德)　　[爲政篇 2-1]

정치는 덕망으로 한다.

도지이덕(道之以德) 제지이례(齊之以禮)　　[爲政篇 2-3]

백성을 이끄는 데에 덕망으로써 하고, 백성을 다스리는 데에
예의로써 한다.

주이불비(周而不比)　　[爲政篇 2-14]

온전하게 전체를 생각하고 편협하거나 편당적인 것이 없다.

거상불관(居上不寬) 위례불경(爲禮不敬) 임상불애(臨喪不哀)
[八佾篇 3-26]

높은 자리에 있으면서 너그럽지 않고, 예를 행함이 신중하지
않고, 상례에 임하여 슬퍼하지 않다.

무민지의(務民之義)　[雍也篇 6-20]

백성들이 의롭다고 생각하는 일을 행하는 데 힘써라.

고구불유(故舊不遺) 즉민불투(則民不偸)　[泰伯篇 8-2]

친했던 사람을 잊지 않고 계속 가깝게 지낸다면 백성들의 기질도 저절로 좋아질 것이다.

부재기위(不在其位) 불모기정(不謀其政)　[泰伯篇 8-14, 憲問篇 14-27]

그 (정무를 처리해야 하는) 직위에 있지 않다면 그 정무에 참견하지 말라.

이도사군(以道事君) 불가즉지(不可則止)　[先進篇 11-23]

정의로써 주군을 모시고, 그것이 불가능해지면 깨끗이 물러난다.

침윤지참(浸潤之譖) 부수지소(膚受之愬)　[顔淵篇 12-6]

물이 스며들 듯이 은근하게 반복되는 참언과 피부에 와 닿는 절실한 하소연

백성부족(百姓不足) 군숙여족(君孰與足)　[顔淵篇 12-9]

백성이 궁핍하면 어느 군주가 풍족하겠는가?

52주간의 마음산책

정자정야(政者正也)　　[顔淵篇 12-17]

정치란 바로잡는 일이다.

자솔이정(子帥以正) 숙감부정(孰敢不正)　　[顔淵篇 12-17]

당신이 솔선하여 정의를 행하면, 누가 감히 부정을 저지르겠는가

행기유치(行己有恥)　　[子路篇 13-20]

자신의 행위에 책임을 진다.

방유도곡(邦有道穀)　　[憲問篇 14-1]

나라의 정치가 깨끗하면 관리가 되어 봉급을 받는다.

사이회거(士而懷居)　　[憲問篇 14-3]

선비가 안일을 마음에 품다.

정이불휼(正而不譎)　　[憲問篇 14-16]

정도를 걸으며 권모술수를 쓰지 않는다.

현자피세(賢者辟世)　　[憲問篇 14-39]

(세상이 어지러울 때) 현자는 세상을 피해 은거한다.

무위이치(無爲而治)　　[衛靈公篇 15-4]

앞에 나서지 않고 조용히 천하를 잘 다스리다.

불항기지(不降其志) 불욕기신(不辱其身)   [**微子篇** 18-8]
자신의 이상을 낮추어 타협하지 않고, 그 몸을 더럽히지 않다.

신이후간(信而後諫)   [**子張篇** 19-10]
(충분히) 신뢰를 얻은 뒤에 간언한다.

혜이불비(惠而不費) 노이불원(勞而不怨) 욕이불탐(欲而不貪)
태이불교(泰而不驕) 위이불맹(威而不猛)   [**堯曰篇** 20-2]
은혜를 베풀되 낭비하지 않는다. 노역을 시키지만 원망을 사지
않는다. 원하지만 탐내지 않는다. 태연하면서 교만하지 않다.
위엄은 있지만 사납지 않다.

기타

◆ ◆ ◆ ◆

교언영색(巧言令色)   [**學而篇** 1-3, **陽貨篇** 17-17]
아첨하는 교묘한 말과 보기 좋게 꾸미는 얼굴 빛.

용지즉행(用之則行) 사지즉장(舍之則藏)   [**述而篇** 7-10]

쓰인다면 나가고, 쓰이지 않는다면 물러나 소리도 내지 않는다.

과유불급(過猶不及) [先進篇 11-15]
지나친 것은 부족한 것과 마찬가지이다.

문사행저(聞斯行諸) [先進篇 11-21]
들으면 곧 이를 행한다.

문유질야(文猶質也) 질유문야(質猶文也) [顔淵篇 12-8]
모양은 바탕과 다른 게 아니며 바탕은 모양과 다른 게 아니다.
(겉으로 드러나는 형식과 내면의 본질은 서로 대립이 아니라
본래 하나로 어우러져야 한다.)

화이부동(和而不同) [子路篇 13-23]
화합을 이루되 부화뇌동 하지 않는다.

불왈견호(不曰堅乎) 마이불린(磨而不磷) [陽貨篇 17-7]
워낙 견고하면 갈아도 닳지 않는다고 하지 않더냐?

포식종일(飽食終日) 무소용심(無所用心) [陽貨篇 17-22]
온종일 배불리 먹고, 마음을 쓰는 데가 없다.

칭인지악(稱人之惡) 용이무례(勇而無禮) 과감이질(果敢而窒)

[陽貨篇 17-24]

남의 결점을 (남들 앞에) 드러내다. 용감하지만 무례하다. 과감하기만 하고 융통성이 없다.

원지즉원(遠之則怨)   [陽貨篇 17-25]

멀리 대하면 원망한다.

치원공니(致遠恐泥)   [子張篇 19-4]

깊이 들어가면 거기에 빠질 우려가 있다.

과야필문(過也必文)   [子張篇 19-8]

잘못을 저지르고 꼭 변명한다.

◈ 강철구

　　구미시 해평면에서 태어나 소년기를 보내고, 대구 경북고
등학교와 서울대학교 기계설계학과(학사, 석사)에서 수학하
였다. 국비유학으로 미국 UC Berkeley에서 박사학위를 취
득하고, 건국대학교에서 33년간 교수생활을 하였다. 한국로
봇학회(회장), 제어로봇시스템학회(부회장), Asian Control
Association(운영위원회 한국대표), 대한기계학회(교육부문
회장), 한국도시철도학회(부회장)에서 학술활동을 하였다.
임펄스벡터를 창시하여(wikipedia → impulse vector) 잔류
진동을 억제하는 입력성형제어에 기여하였다. 대통령표창,
대한민국 10대 철도기술상, ICROS 학술상, 건국대 Best
Teacher상 등을 수상하였다. 현재 한국공학한림원 정회원이
며, 파크시스템스(주)에서 기술자문위원으로 활동하고 있다.

◆ 김윤영

서울대에서 학사 및 석사, 미국 Stanford대학에서 박사학위를 취득하였다. 1991년 서울대에 부임하여 2024년 2월 석좌교수로서 정년 후, 현재 숙명여대에서 석좌교수로 근무 중이다. 국제학술지논문 280여편, 영어전문서적(Springer사 출판) 2권을 출간하였으며 2023년에는 자율설계기술회사인 IDeaOcean의 공동창업자로 참여했다. 대한기계학회 회장, 세계최적설계학회 부회장, 아시아최적설계학회 회장, 세계전산역학회 집행이사(현) 등으로 활동하였으며, 주요 국제학술대회에서 많은 기조강연을 하기도 했다. 대한민국학술상, 과학기술훈장, 올해의 기계인상 등을 수상하였으며, 아시아 최초로 미국 기계학회 Rayleigh Lecture Award와 일본전산과학공학회 Grand Prize를 수상했다. 동화 '우면산의 비밀'로 MBC창작동화 대상을 수상하였으며, 서교예술센터공모전에 당선되어 컴퓨터알고리즘으로 생성된 이미지로 전시회("다름의 대량생산")을 개최하기도 했다.

◆ 김진오

서울 한복판에서 출생과 성장을 하였고, 서울대학교 기계설계학과에서 학사와 석사, 미국 펜실베니아대학교에서 박사학위를 취득하였다. 미국 유학 중에 학위 뿐만 아니라 인생동반자와 기독교 신앙을 얻었다. 한국표준과학연구원, 미국노스웨스턴대학교, 삼성종합기술원에서 각각 2~4년씩 연구생활을 하며 과학적 공학자가 되었고, 숭실대학교에서 26년간 교수 생활을 하였다. 교육과 연구 생활을 하는 중에, 특히교육 관련하여 우수강의상을 9회 수상하였고 교수법 강연을교내외에서 10여회 하였다. 융합소양에 관심이 커서 다양한분야의 독서를 꾸준히 해오고 있으며, 교수 재직 중에는 매학기 여러 전공의 학생들과 독서토론세미나를 하였다. 정년퇴임 후 완전히 자율적으로 일과 운동과 독서를 균형있게 해나가고 있다.

◆ 심중식

    곡성에서 청소년기를 마치고 광주고와 서울공대를 다니며
삶의 의미를 찾는 방황 속에서 다석(多夕) 류영모의 제자 김
흥호 선생님을 만나 참 빛을 보게 되었다. 김흥호 연경반에서
30여년 사사(師事)하며 다석을 사숙私淑하였다. 김흥호 선생
의 강의를 녹취하고 편집하여『주역강해』,『화엄경강해』,『법
화경강해』등을 출판했고, 사상출간 편집위원으로 활동했다.
2천년대 초에는 '나알알나' 인터넷 사이트를 운영했다. 지금
은 다석 류영모와 김흥호 선생이 해마다 방문 교류했던 동광
원과 귀일원에서 '귀일연구소'를 운영하며, 다석 류영모와 동
광원 이현필의 만남과 하나됨이라는 귀일의 뜻을 이어가고자
귀일사상을 연구하며 전하고 있다. 저서로『알기쉬운 금강경』,
『맨발의 사랑 이현필』,『한국적 영성의 뿌리를 찾아서』등이
있다.

지극한 순수와 고도의 지혜, 이 두 가지를 겸비할 방법은 무엇일까?
그 길을 알기 위해서 성인의 글을 읽고 학문을 연구하는 것이 아닐까?
성인의 글을 읽다 보면 마음이 맑아지고, 또 학식을 늘리다 보면 그만큼
지혜가 늘어나는 것인데 이 두 가지를 다 갖춰야 현명하다는 것이다.

자전거를 탈 때 쓰러지지 않으려면 페달을 꾸준히 밟아 앞으로 나가야

하듯이 끝이 없다(不及)는 마음으로 노력하고, 설령 끝이라고 생각되

더라도 잃을까 두려워(恐失) 하는 마음으로 계속 유지해야겠다.

52주간의 마음산책

초판 1쇄 발행 | 2025년 3월 12일

지은이 | 강철구 김윤영 김진오 심중식

펴낸이 | 이명권

펴낸곳 | 열린서원

편집디자인 | 산맥

등록번호 | 제300-2015-130호(1999년)

주소 | 강원특별자치도 화천군 간동면 용호길 73-155

전화 | 010-2128-1215

전자우편 | imkkorea@hanmail.net

ISBN | 979-11-89186-73-9(03140)

값 15,000원

※ 잘못 만들어진 책은 구입한 곳에서 교환해 드립니다.

※ 이 도서에 국립중앙도서관 출판사 도서목록은 e-CRP홈페이지
   (http://www.nl.go.kr/ecip)에서 이용하실 수 있습니다.